Ana Rangel

Siempre hay una oportunidad

Ana Rangel

Siempre hay una oportunidad

Mi vida cambio después del cáncer

CREDO EDICIONES

Imprint
Any brand names and product names mentioned in this book are subject to trademark, brand or patent protection and are trademarks or registered trademarks of their respective holders. The use of brand names, product names, common names, trade names, product descriptions etc. even without a particular marking in this work is in no way to be construed to mean that such names may be regarded as unrestricted in respect of trademark and brand protection legislation and could thus be used by anyone.

Cover image: www.ingimage.com

Publisher:
CREDO EDICIONES
is a trademark of
Dodo Books Indian Ocean Ltd., member of the OmniScriptum S.R.L Publishing group
str. A.Russo 15, of. 61, Chisinau-2068, Republic of Moldova Europe
Printed at: see last page
ISBN: 978-613-5-47701-6

"...SIEMPRE HAY UNA OPORTUNIDAD..."

Por: Ana Lucía Rangel de Borthomier

NO EXISTE LA MENOR DUDA QUE CUANDO CREEMOS QUE TODAS LAS PUERTAS SE HAN CERRADO DIOS NOS REGALA UNA OPORTUNIDAD

A menudo nos encontramos enfrentando circunstancias de las cuales creemos que será imposible salir **pero hay una buena noticia,** Dios desea lo mejor para tu vida y lo que seas que estés pasando él lo transformará en bendición, sólo tienes que dejar de pensar en el fin y fijar tu mente en un comienzo.

Con la ayuda de Dios escribí "**SIEMPRE HAY UNA OPORTUNIDAD**", tras haber experimentado un cáncer de mama y por el poder sanador de Dios haber salido victoriosa, creo que desde que el pecado entro en este mundo todo somos perseguidos por la sombra de la muerte, pero en Jesús todos tenemos la luz que da vida en abundancia.

DURANTE

DESPUÉS

"...SIEMPRE HAY UNA OPORTUNIDAD..."

Por: Ana Lucía Rangel de Borthomier

Publicado gracias al apoyo de:
Rafael Borthomier
María Estílita León
Juana de López

Primera edición 2007

Todas las referencias bíblicas utilizadas
Fueron tomadas de:

SANTA BIBLIA
Versión REINA.VALERA

Dedicatoria

Este libro esta dedicado con todo el amor para aquellas mujeres y hombres que tienen que enfrentarse a la experiencia del cáncer para que puedan preparar su espíritu y reciban así las lluvias de bendiciones que Dios derrama, y también alcancen con el poder sanador de Jesucristo, la limpieza de su alma. Proyectándose para recibir el milagro de la sanidad en su cuerpo. Estar sano no es simplemente la ausencia de la enfermedad es una actitud frente a la vida.

Agradecimiento

A mi DIOS por obrar en mí el milagro de la sanidad y socorrerme en la hora de angustia. ¡Glorificado seas!

A mi esposo Rafael y a mis hijas Carol y Claudia por amarme y aceptarme, son mi vida.

A mi hermana Juana por ser mi enfermera personal, gracias eres única.

A mi mami, mis hermanos, hermanas y Ale, los quiero mucho.

A Paty, Mami Cruz, Delia, Xiomara, Alejandra, Jely, Margaret, y demás compañeros y hermanos de iglesia que no me dejaron sola y colmaron al cielo de oraciones. Gracias. Dios les bendiga.

A Raquel por ser tan especial, tan humana, no existen palabras para agradecerte. Te amo.

CONTENIDO

INTRODUCCIÓN

En la vida de cada persona que nace dentro de una iglesia cristiana, como es mi caso, que desde niña crecí en el seno de la Iglesia Adventista del Séptimo Día, suele suceder que está se torna un poco monótona, se vuelve costumbre fácilmente con cada una de las cosas que hacemos y en determinado momento puede llegar a ocurrir que estamos tan cómodos con la forma en que vivimos el cristianismo que nuestra condición espiritual se torna tibiecita, muy confortable. Es entonces cuando Dios tiene que darnos un jaloncito que nos sacuda un poco para que descubramos que caminamos por el rumbo equivocado.

He querido escribir estas páginas para compartir mi experiencia reciente cuando descubrí que las promesas de Dios son fieles y verdaderas y que tal como lo había escuchado desde niña él cumple su palabra.

Es curioso pero la Biblia que siempre había leído se torno para mí en un manantial de ricas y frescas bendiciones, Dios me paseo por cada una de las líneas que él quería leyera, durante el tiempo en que viví mi lucha contra el cáncer aprendí que no estaba sola y que esa batalla era librada por mi poderoso protector **JESUCRISTO**, San Pablo susurraba a mis oídos: " Conforme a mi anhelo y esperanza de que en nada seré avergonzado; antes bien con toda confianza, como siempre, ahora también será magnificado Cristo en mi cuerpo, o por vida o por muerte." (Filipenses 1:20). Era cierto o por vida o por muerte que Jesucristo fuese glorificado en mí. Descubrirás al leer este libro que gran significado tienen las palabras del salmista: "...Aunque ande en valle de sombra y de muerte, no temeré mal alguno porque tu estarás conmigo..." (Salmo 23:4)

Definitivamente los caminos de Dios son a veces difíciles de entender, nos cuesta comprender porque Dios nos lleva por lugares que a nuestra vista no son los más bonitos, pero él habla con tanta ternura, bondad y al mismo tiempo firmeza diciendo: "Te haré entender y te enseñaré el camino que debes andar".

Deja que Dios dirija tus pasos, permítele tocar tu vida, quizás sea doloroso pero al final sabrás que era el único camino y que Dios nunca te expondrá a una prueba mayor de lo que tu espíritu pueda soportar y recuerda **¡SIEMPRE HAY UNA OPORTUNIDAD!**

I

LA ACTITUD FRENTE A LOS PROBLEMAS

La lista de los problemas humanos puede ser muy larga.
Según la actitud que adoptemos nos aplastan o nos elevan.
Quien mejor que DIOS para ayudarnos.

Que te parece si un buen día te levantas, vas al espejo de tu baño y miras allí a una persona la cual te parece hasta ese momento, que en todo lo que ha emprendido le ha ido bien, y la consideras exitosa. Pero que además se sientes llena de vida, con una larga lista de planes y un sin fin de actividades por cumplir. Sin embargo, al salir de su casa ocho horas más tarde estará frente al escritorio de un médico quien le hace ir por una respuesta y que además al notarle algo ansioso, sin anestesia le dice: "el resultado de la biopsia que te practicamos es positivo", el nódulo es un cáncer en grado avanzado. OH! Te dices a ti misma seguro, ¿no hay posibilidades de error?, ¿no se equivoco de nombre?, y tras la confirmación del médico de inmediato un escalofrió recorre todo tu cuerpo de pie a cabeza, un fuerte corrientazo te sacude y sin pedirlo, aunque tratas de contenerlas gruesas y saladas lagrimas hace su aparición, sin freno y con razón.

Según un informe dado por el hospital: John Hopkins Memorial Hospital, Todos tenemos células cancerígenas. Estas células no aparecen en análisis estándares hasta que las mismas se hayan multiplicados por billones. Las células cancerígenas aparecen de 6 a 10 veces en la vida de una persona. Cuando el sistema inmunológico de una persona es suficientemente fuerte, las células cancerígenas son destruidas por este y se evita su multiplicación para formar un tumor, en mi caso estaba pasado por una etapa de mi vida donde estaba sumergida en un estrés total, el trabajo, las exigencias del hogar y mis estudios universitarios me estaban exprimiendo sin darme cuenta, en más de una ocasión llegaba al medio día a casa y preparaba el almuerzo para todos más sin embargo yo no comía porque tenía cosas pendientes que alistar para la universidad y sólo contaba con escasos 30 minutos para salir corriendo y estar a tiempo en la universidad. No conforme con eso llegaba en la noche a casa para atender la cena de la familia, poner algo de orden en los espacios, preparar la ropa y otras cosas para el día siguiente y tal vez pasar largas horas estudiando.

Cuando el 18 de enero del año 2005 recibí esa noticia por unos instantes me invadió el miedo, ese que se siente cuando estás frente a un desconocido y éste con cara de pocos amigos te amenaza con quitarte la vida sino le entregas lo que tienes, eso exactamente sentí, en medio de mis pensamientos el doctor trato de consolarme asegurándome que nos enfrentábamos a una situación muy común y que operar de inmediato era la solución más sabia. Seque las lagrimas y salí de su consultorio, aquellas lagrimas volvieron a aparecer esta vez más abundantes cuando subí a mi auto y me dirigía a la universidad a presentar un examen, ¿qué era eso?, no me lo esperaba, es decir sabia que el cáncer es una realidad latente, había despedido a 2 queridos amigos que sufrieron mucho, tras una lucha larga pero que al final el cáncer le gano la batalla y rendidos bajaron al descanso, pero jamás me prepare para vivirlo en carne propia. ¿Sabes? Estoy casi segura que nadie puede sentirse preparado para ello; ¡rayos! Que pasaba ¿a caso me olvide que Dios estaba conmigo?, despertando de mi sueño y volviendo a la realidad me refugie en Dios, eleve mi mente al cielo y dije: "Señor soy tuya, te pertenezco, tu pagaste por mi un alto precio, se que estas conmigo, se que no me abandonarás, por favor abrázame, te necesito, no puedo parar de llorar". De inmediato sentí una fortaleza, sentí como Dios tocaba mi hombro y limpiaba mis lagrimas, ya en el auto me dirigí a la universidad ya que esa tarde a las 3pm tenía un examen, me decía a mi misma no soy la primera ni la ultima, esto es temporal, se que Dios me hará salir victoriosa de la prueba, se que Dios tiene planes conmigo y desea cambios en mi. Esa prueba tenía nombre y apellido: Adencarcinoma ductual invasor grado III/III, un nombre bien largo pensé, pero para Dios ninguna cosa le es indiferente y él que me conoce bien será mi refugio, mi roca eterna, mi castillo, mi fortaleza, estoy segura que tiene todo arreglado y no se cómo, pero me sacará de este apuro. Ya calmadita y estando en la universidad, dado a que era temprano, me puse a mirar la cartelera, tratando de distraerme, al llegar dos de mis amigas patricia y Alejandra sentí como que si las cataratas del Niagara querían salir de mis ojos, mi esposo estaba trabajando en la ciudad de Maturín, y yo en Barquisimeto con mis dos preciosas hijitas, no podía contener ese río de lagrimas y patricia que me conoce bastante de inmediato supo que no tenía buenas noticias: ¡Cáncer! Lloraron conmigo me abrazaron creo que en medio de eso las podía entender, que podían decirme para tranquilizarme, ¿saben? No hay duda que en todo tiempo ama el amigo, pude comprobarlo, que bellos, son tesoros que valen muchísimo, son ese puente que sirve para cruzar el río de un problema, por eso les digo: si tienen amigos cuídenlos, cultívenlos para que se mantengan conservaditos.

Ese día terminó lento, busque las niñas donde Toya y ya en casita sentía un inmenso vació, todo me parecía extraño, hasta la casa que es pequeña me parecía muy grande, o sería que la pequeñita era yo, estaba como ahogada, tenía que fingir que no pasaba nada, serví la cena a las niñas, eran alrededor de la 7 de la noche se pusieron a ver a Barni y yo con tantas cosas por hacer caminaba y caminaba, miraba a mis niñas y ese miedo frío me dominaba, entre al baño y desespera busque a Dios no quería caer en pánico supliqué a Señor que no permitiera que enloqueciera, que necesitaba sentir confianza, sentir paz; ya tranquila salí del baño prepare a las niñas para dormir oramos y entramos en mi cama, ellas felices de dormir con mamá, y yo feliz de tenerlas para abrazarlas.

Estoy segura de que esa noche fue sólo la gracia de Dios y su divino poder los que permitieron que durmiera profundamente.

Querido lector no existe un lugar mágico al que podamos ir cuando nos enfrentamos con problemas más grandes que nosotros, no hay tierra imaginaria, no existe el país de las maravillas como el de Alicia, donde todo funciona todo alrevés. Puede ser que tengamos que vivir con montañas que nunca se moverán, pero podemos encarar lo inevitable y darnos cuenta de que nuestras reservas y recursos son mayores de lo que la mente puede imaginar, toda una hueste celestial a tu lado, ¿comprendes lo que significa? Que cuando marcamos el 0-800-TE NECESITO Dios moviliza todo el cielo para socorrernos, no temas: "Echa sobre Jehová tu carga y él te sustentará; no dejará para siempre caído al justo". (Salmo 55:22). "Jehová de los ejércitos está con nosotros; nuestro refugio es el Dios de Jacob". (Salmo 46:1). "Este pobre clamó, y le oyó Jehová, y lo libró de todas sus angustias". (Salmo 34:1).

Cuando sabemos en quién creemos, cuando nos entregamos por completo a él, puedes tener la plena y total seguridad que él es quién timonea la embarcación de tu vida. Hechos 17:28 en su primera parte nos dice:" Porque en él vivimos, y nos movemos, y somos"; no vivimos lo que queremos sino que todo es cuidadosamente examinado y pesado por nuestro Padre el cual sabe dar buenas dádivas. Para tener una mayor idea nada de lo que en este mundo sucede está fuera del alcance de Dios, no cae una hoja al suelo sin que él lo note, sostiene la naturaleza, mucho más aún nos sostendrá a nosotros, sus hijitos consentidos, porque somos realmente privilegiado al Dios nuestro padre entregar la vida de su hijo Jesús para morir en tu lugar y el mío, si Dios llego a entregar lo más preciado que un padre puede tener es porque definitivamente su amor es infinitamente , divinamente, eternamente sensacional. Gracias Dios porque me amaste desde el principio, gracias porque dejas a un lado mis errores, mis pecados, mis infidelidades, mis deslealtades, mis descuidos, mi montaña de equivocaciones y tierno y amante me invitas a entrar en la paz y seguridad de cielo.

UNA ORACIÓN: Señor, gracias por las pruebas que vienen a mi, gracias porque tu no permites que seamos tocados por una prueba mayor que la que podamos resistir, ayúdame a confiar plenamente en ti, que mi corazón pueda encontrar en ti la paz para enfrentar las batallas que debo librar contra el enemigo y que en la victoria pueda dar honra y gloria solo a ti Jesús, Amen.

II

VALIENTES EN CRISTO

Porque no nos ha dado Dios espíritu
De cobardía, sino de poder, de amor
Y de dominio.

La mañana siguiente era 19 de enero día en que mi hermana Mari cumplía año, la noche anterior había llamado a Juanita mi otra hermana y al darle la noticia se quedo muda, luego sentía como su llanto se entremezclaba con sus palabras, la anime y le dije: te necesito fuerte, recuerda que Dios ha dirigido mi vida y ahora más que nunca sigue a mi lado. Esa misma noche ella se lo contó a Mari, así que se podrán imaginar como se sentía ella, lejos de estar alegre por su cumpleaños, la tristeza que la embargaba era mayor, me contó después, que al recibir mi llamada de cumpleaños y sentir que en mis palabras había ánimo, esperanza y fuerza sintió deseo de peinarse y arreglarse.

Ese día al llegar a mi trabajo un poco tarde, mis colegas salían del culto matutino, sentí esa mañana que todos me miraban diferente, entre al salón de clase junto con mis alumnos y mientras como de costumbre me abrazaban y besaban yo contenía mis ganas de llorar, venía a mi mente una nostalgia de sólo pensar no verlos más. Una vez que llegó la chica que me haría la suplencia explique a los niños y me fui. Al entrar a la dirección la profesora Milder me dio un fuerte abrazo, no dijo mucho porque las palabras sobraban, pero por primera vez pude decir en voz alta : tengo miedo.

El doctor con el cual me estaba viendo era un cirujano de mama, sin embargo Dios me guió hasta un oncólogo, que es en los casos como el mío el más idóneo para tratarnos, durante esa búsqueda el Señor puso a cada paso gente amable, bondadosa y cordial que en las largas esperas servían de distracción para no pensar mucho, ese día logre dar pasos importantes y ampliar mi radio de conocimiento sobre lo que tendría que enfrentar, el día fue largo y pude ver la mano de Dios en todo, el oncólogo, la dermatólogo (tenía una dermatitis crónica en el rostro y manos) y la internista, salí de la clínica bastante tarde a la 9 de la noche para ser exactos, busque a las niñas y nos fuimos a casa. Mi esposo aún no regresaba, y aunque todos los días hablábamos por teléfono no quise darle la noticia para evitarle una emoción fuerte ya que viajaría por carretera durante un largo tiempo, conduciendo el auto y sólo, a si que considere que era una imprudencia darle la noticia, era mejor esperar a que llegase . Después de orar y dormir a las niñas, esa noche me quede un rato más despierta hablando con Dios. Me preguntaba cual sería mi tarea en esta vida, una y otra vez, Señor ¿abre cumplido con mi tarea?, la voluntad de Dios no es la misma para todos y el enemigo trata de distraer nuestra mente con pensamientos fugases de tal modo que olvidemos o perdamos de vista nuestra tarea, ¿sería eso lo que me estaba ocurriendo? , ¿Quería Dios enseñarme algo? ¿Cómo verlo? Dios nos dice: “por que en otro tiempo erais tinieblas, más ahora sois luz en el Señor; andad como hijos de luz” (Efesios 5:8) OH, esta claro yo soy una hija de la luz, tengo que brillar, tenía que abrir mi corazón a ese Dios de mi niñez, de mi adolescencia, de mi juventud. Como dice Pablo: "Gozaos en la esperanza, sufridos en la tribulación; constantes en la oración;" (Romanos 12:12). Creo que hasta ese momento mi relación con Dios aparentemente estaba bien, sin embargo me di cuenta que estaba ciega, pues estaba dedicando más tiempo a las cosas terrenales y pasaba a solas en el huerto con Dios muy poco tiempo, necesitaba más tiempo a solas con él y el trabajo, los estudios, la iglesia y las responsabilidades del hogar tenía mi mayor atención, es decir, estaban ocupando el lugar que debía ser de Dios.

Efesios 5:16 dice que debemos aprovechar bien el tiempo, ya que los días son malos, no es posible que 32 años caminando con Jesús y era solo ahora, cuando me encontraba en el valle de la prueba que no estaba en mis planes, que me daba cuenta que realmente mi comunión con Dios no era lo suficientemente rica como para permanecer firme en la hora critica. Jesús cuando estuvo en su hora critica, antes de ir al calvario tuvo que pasar toda una noche hablando con el Padre, en un lugar a solas, ahora entiendo la bondad y misericordia de Dios, era necesario llevarme a punto donde reconociera que solo dependía de él. Cuando descubres que padeces de una enfermedad que representa el peligro de perder la vida, entonces entiendes que estas en las manos de Dios.

Hablar de cáncer hasta hace poco tiempo era sinónimo de muerte, pero con el desarrollo de la ciencia el panorama a cambiado, sin embargo debemos tener claro que aun con todo el avance científico sin Dios no podemos lograr nada, ya lo menciona San Juan cuando hablando de la vid señala que separados de Jesús nada podemos hacer. Como dice el himno Dios está en medio de tu dolor, de tu aflicción por eso debemos alzar la cabeza y decirle a nuestro corazón, obra con fe y con valor. Dios puede ver mas allá de lo que nosotros podemos ver y si miramos a través de los ojos de Jesús podremos vislumbrar un sol radiante tras esas nubes oscuras, ver las estrellas tras la noche negra, ver un oasis en medio del desierto. "La necesidad del hombre es la oportunidad de Dios" señala el pastor Enrique Chaij, él quiere demostrarnos cuan poderoso es, el quiere convencernos de que las cosas no ocurren por casualidad y sin un propósito, todo tiene una finalidad y es la de perfeccionarnos para la vida eterna.

Cuando creemos que la carga que llevamos es mucha, no podemos quedarnos en el camino, no debemos auto compadecernos, el Apóstol Pedro nos recuerda: "Echando toda vuestra ansiedad sobre él, porque él tiene cuidado de vosotros". (1Pedro 5:7) y más adelante en el verso 10 dice: "Más el Dios de toda gracia, que nos llamó a su gloria eterna en Jesucristo, después que hayáis padecido un poco de tiempo, el mismo os perfeccione, afirme, fortalezca y establezca", ¡que grandioso!, lo repito "Después que hayáis padecido un poco…" no es maravillosos el mismo nos perfeccionará, nos mantendrá firme porque Jesucristo es la roca eterna de mi salvación y si nos sentimos débiles el será nuestra fuerza, estupendo, Dios eres grande, eres precioso, gracias mi Dios, gracias porque en Cristo esta mi fortaleza.

UNA ORACION: Dios, eres maravilloso, eres tan grande y poderosos, gracias porque tu haces nuevas cada día todas las cosas, gracias porque los que en ti confiamos no seremos defraudados, dame un espíritu de lucha, dame un espíritu de victoria para caminar por el valle con la cabeza en alto confiada de que tu pelearas por mi esa y todas las batallas, Jesús te amo, Amen.

III

AL QUE CREE

Jesús le dijo: si puedes creer
Al que cree todo le es posible

La noche del martes Xiomara una amiga que paso por el mismo valle que estaba cruzando, se puso en contacto por teléfono conmigo y el miércoles bien tempranito, mucho antes que yo se encontraba en el laboratorio esperándome. Me dio un fuerte abrazo y charlamos mientras esperaba mi turno contándole en detalle todo lo que me estaba ocurriendo, esa mañana me acompañó a realizarme todos los estudios que el cirujano oncólogo y la dermatóloga me indicaron y me hizo reír, me sentí acompañada fue un ángel enviado de Dios para sostenerme en esos momentos difíciles. Ella tenía que regresar para ir a su trabajo pero insistió en llevarme a consultar con el médico que la trató a ella, el Dr. Jorge Uribe Mastólogo, nadie mejor que Xiomara para señalarme el camino que hacía 5 años atrás ella recorrió. Mencionó que quizás ese día no veríamos al médico pero al menos haríamos una cita, en ese momento le dije hay que orar porque no he dado un solo paso sin orar y Dios me ha contestado en una forma maravillosa cada uno de mis peticiones y él es el único que abre las puertas que se cierran. Al llegar a la clínica la sala de espera estaba repleta, de pronto salió la secretaria del doctor y saludo con mucho cariño a Xiomara, ella me presentó y le pidió el favor de que me ayudase a obtener una cita con el doctor. Para mi sorpresa no habían pasado 30 minutos de estar allí y de haberse ido mi amiga cuando la joven me hizo pasar, ella era sin duda alguna, otra oración contestada, se comportó como si fuera una hermana. Ya en la sala del doctor Jorge Uribe llena de miedo y con grandes expectativas, dudas e incertidumbre comenzamos la charla preliminar las palabras del doctor me llenaron de esperanza, hablo con tanto convencimiento y con gran claridad sobre la enfermedad a la que nos enfrentábamos que me sentí más calmada, después del chequeo físico señaló que era necesario hacer una biopsia pues el diagnóstico estaba basado en una citología del tumor lo que representaba que hasta ese momento solo un nombre y un apellido y se necesitaba buscar una información más amplia.

Por la tarde fui, y me practicaron una extracción de muestras algo incomoda, el doctor noto mis nervios y me dijo que culturalmente hablando la gente tiene miedo a este tipo de examen por temor a que se extiendan las células cancerigenas a otras zonas del cuerpo teoría que es absolutamente falsa; un tumor canceroso prosiguió tiene por si solo el poder de liberar células en el momento que así lo deseo y estas emigrarían a otras partes de nuestro cuerpo, así pues que estos estudios son indispensables antes de iniciar el tratamiento.

El día siguiente ya con el resultado en mano se me indicó que debía ir al doctor Roger Febres un oncólogo para que el indicara la aplicación de las quimioterapias y de esa forma iniciar el tratamiento cuanto antes que serían 4 quimio previas a la operación. Recuerdo que ese día representaba mucha importancia para mí y estaba feliz porque desde Nirgua mi mamá, Juana, Maryuri y Alejandro habían venido para apoyarme. Nos dirigimos a la clínica para contactarnos con el doctor, era difícil que me viera ese día ya eran las 12:30 del medio día, llegamos y pregunté al portero, el cual me dijo que la secretaria estaba almorzando y que el doctor atendía por previa cita ya que tenía muchos pacientes. Nos sentamos a esperar y en ese momento recuerdo que les dije a todos los que me estaban acompañando que Dios se había manifestado de una manera maravillosa abriendo todas las puertas a las cuales me acerque, por eso necesitábamos orar ya que si su voluntad era que el doctor me viera ese día, así ocurriría pues, al que cree todo le es posible.

Para asombro de todos, a solo 10 minutos aproximadamente de haber orado me percaté de un Señor que cruzaba la calle y se dirigía justo a la entrada del edificio donde están los consultorios, dije: tiene apariencia de doctor; Carol jugaba cerca de la puerta y llamó la atención del Señor, en ese momento sentí que Dios me decía: ve y ¡pregúntale!, de inmediato me puse en pie y rápido le pregunte: ¿es usted el doctor Febres? Y su respuesta fue: SI. ¡Alabado se Dios! Otra oración contestada de inmediato. Le conté que me enviaba el doctor Uribe para que me indicará un tratamiento inicial para luego operar, sus palabras sonaron como campanillas en mis oídos, dijo: tranquila te vamos a ver hoy, cuando llegue la secretaria dile que te anote, y hay más aún fui la primera paciente que esa tarde el doctor vio.

Conversamos y revisó los exámenes, me examinó y si decir mucho me entrego el presupuesto y el recipe de la medicinas que me aplicaría en cada sesión de quimioterapia. Recuerdo que de las pocas palabras que me dirigió mencionó que uno de los temores de las mujeres cuando se aplicaban quimioterapia era la perdida del cabello pero que eso no era problema porque después el volvería a crecer normalmente, ah y una buena noticia para las que padecemos del cáncer de mama y es que la quimioterapia barre con las células cancerigenas, pero una no muy alentadora es que también arrasa con las células buenas, es posible la perdida del cabellos, uñas, bellos y hasta ciertas manchas oscuras en la piel, así que, es importantísimo una buena alimentación cargada de nutrientes que le provean al cuerpo todo lo necesario para reponer rápidamente las células buenas que se pierden durante cada tratamiento.

¿Saben?, una de las noticias que me puso algo triste era que dado que este tumor tenía un tamaño grande y considerando el tamaño del seno, debíamos cuanto antes iniciar el tratamiento, a favor me señaló el Dr. considerábamos un 70% de seguridad para ganarle la batalla al cáncer. ¡OH! pero algo con lo que no contaba, se necesitaría mucho dinero, y no contaba con eso.

Dios nuevamente al igual que abrió todas las puertas, proveyó el dinero necesario para comprar las medicinas antineoplasicas que me indicaron y el 3 de Febrero 13 días después, estaba en la sala de la clínica esperando para recibir la primera sesión de quimioterapia, allí, todos a la expectativa, había oído tanto de las quimio y sus reacciones que en realidad no sabía como sentirme, en verdad hay que vivirlo para explicarlo mejor.

Delia una amiga y compañera que vivió de cerca con su hermana una experiencia similar a la mía me regaló una linda tarjeta que tenía un mensaje súper especial, era como si Dios mismo eligió aquella tarjeta que me regalaría: *"Todo saldrá bien... sólo ten paciencia. Dale tiempo al tiempo. Y mientras tanto... sigue creyendo en ti; cuídate mucho; mira las cosas en perspectiva; recuerda lo que es más importante; no olvides que alguien te quiere; busca el lado positivo; aprende lo que debes aprender; Y encuentra en ti tus virtudes internas: la firmeza, las sonrisas, la sabiduría el profundo optimismo que son partes esenciales de tu ser. Todo saldrá bien Barin Taylor.*

Me escribió algo muy lindo y animador: "querida Ana quiero que mantengas el buen ánimo cada día. Que cuando las cosas no te salgan bien no olvides que "El sol volverá a brillar" y que después de la tormenta viene la calma. Tienes a un ser supremo que te ama y que cuidará de ti a cada instante. Que la alegría siempre este contigo a pesar del día nublado. Vendrán días difíciles, pero Dios estará a tu lado para mimarte en sus brazos de amor. Cuentas con personas que te quieren y que puedes buscarlas incondicionalmente. No olvides la oración constante. Dios escucha al corazón contrito".

Esas notas significaron mucho para mí al leerlas sentí que Dios me decía: ves no estas sola, he enviado a muchos ángeles para que te sustenten como lo hice con el profeta Elías.

La aplicación del tratamiento duro alrededor de 2 horas, durante ese tiempo conocí a otros pacientes que padecían de cáncer unos en pulmón, otros en el estómago, colon y mama al igual que yo. Mantuvimos una conversación bien interesante y lo más lindo, todos en sus labios manifestaban que la fe en Dios era importantísima, y eso es cierto, al que cree todo le es posible, dijo Jesús.

La Biblia declara que la fe es la certeza de lo que no se ve y yo no podía ver ese tumor amenazante, aunque si lo palpaba, pero tenía unos pocos meses que le descubrí y parecía algo insignificante, en medio de una enfermedad la fe te ayuda a creer y a confiar que Dios el médico de los médico es quien está al control de nuestro tratamiento y se asegura de que todo marche bien, no hay nada que temer.

Un día antes de ir a la quimio fui a cortar mi cabello llena de entusiasmo y a paso firme caminando de la mano de Jesús hacia la sanidad, sonaba en mi pensamiento las palabras del profeta: ciertamente llevo él todas nuestras enfermedades y dolencias y por sus llagas todos hemos sido sanados, declare que estaba sana en el nombre de Jesús, ahora solo tenía que cumplir un tratamiento que quizás no es del todo agradable, pero quien dijo que todo en la vida será color de rosa,¿ porque todo siempre tiene que salirnos bien?, ¿acaso hemos olvidado que él come gente esta suelto?, que él devorador está hambriento y que desea alejarnos tanto de Dios y cree haberlo logrado cuando intenta vencernos con una enfermedad cruel como lo es el cáncer.

UNA ORACION: Señor, tu eres mi creador, tu conoces cada célula de mi cuerpo, tu eres quien cada día lo haces funcionar, tu eres el diseñador de esta maquinaria que es mi cuerpo, me entrego en tus manos, para que con tus dedos toques mi vida, la transformes y sanes mi alma y si es tu voluntad también mi cuerpo, solo quiero conocer el propósito que tienes para mi, no importan cuanto tenga que sufrir solo hazme sentir Señor que estas a mi lado, porque separada de ti nada soy, Amen.

IV

DILE ¡NO! A LA AUTOCOMPACIÓN

Hubiese yo desmayado si no creyese
Que veré la bondad de Jehová...

Recuerdo que aquel jueves 3 de febrero comencé el día como cualquier otro, fui al trabajo y cerca de las 12 del medio día busque despedirme de mis compañeras de trabajo, sentí que trataban de huirme, como si temieran mirarme, Patricia lloro pero yo me hice la fuerte y mis lagrimas sólo estaban dentro de mi, donde solo Dios podía verla y secarlas. Desde que tengo razón de ser siempre he sido llorona, sin embargo Dios ha sido tan especial conmigo que desde el momento que comprendí que el cáncer no era un problema sino una circunstancia me ha dado las fuerzas para no llorar, y es que cuando te das cuenta que los seres los cuales aman sufren por ti, entonces te dices a ti misma, **NO PUEDO LLORAR**, ellos están tan triste y se sienten tan impotentes que tienes que darles animo y solo si ellos te ven fuerte, se sentirán con esperanzas.

El cáncer es una enfermedad de la mente, del cuerpo y del espíritu. Una actitud proactiva y un espíritu positivo ayudan, indudablemente, al portador de cáncer a sobrevivir. La ira, la soledad y la tristeza provocaran un fuerte estrés al organismo, creando un medio ácido en el mismo. Aprender a tener un espíritu lleno de amor y perdón contribuirá a mejorar las condiciones de cáncer. Aprender a relajarse y a disfrutar de la vida son herramientas útiles a la persona con el padecimiento.

Cada 21 días debí ir para recibir la aplicación de la quimioterapia y mis amigas, mi hermana y mi esposo siempre me acompañaban, creo que trataban de darme todo el ánimo y yo me esforzaba para no defraudarlos. Las terapias siguientes de la primera no fueron tan interesantes, a pesar de que cada vez me encontraba con gente nueva, el espíritu que tenían no era el mismo. Ahora que escribo puedo darme cuenta que Dios escogió a dedo las personas que estarían conmigo en el cuarto donde recibí la primera quimioterapia, ya que fueron tan lindos, tan francos, tan espontáneo que juntos desarrollamos un dialogo sumamente enriquecedor desde el punto de vista espiritual. Debía ser en su compañía ya que irradiaban tanta fe y tanta esperanza que me contagiaron, y a decir verdad yo me sentía confiada en Dios pero ellos me trasmitieron aún más seguridad y fortaleza. Durante las demás quimio me encontré con personas, negativas, rezongonas, dormilonas en fin eso me conduce a decirte que no todos enfrentamos las enfermedades del mismo modo.

Al recibir un diagnostico no muy favorable nos enfrentamos a dos posibles reacciones: la primera darnos por derrotados sin luchar y la segunda aceptar con valentía el desafió y puestos en las manos de Dios decidirnos a luchar sin desmayar. Referente a esta actitud viene a mí mente la fabula de las dos ranas que cayeron en un cántaro de leche, ambas se encontraban en una situación difícil, la primera de ellas dijo: ¡es imposible que salgamos de aquí!, moriremos pronto ya que nadie podrá ayudarnos, con esta actitud en mente, se dejo morir, no lucho y se ahogo en la leche; la segunda rana por su lado hizo caso omiso a lo que su compañera le dijo y pese a que la vio morir se decidió a intentar saltar para ver si de este modo alcanzaba salir del cántaro de leche donde había caído, al cabo de un largo rato y casi ya sin fuerzas para seguir saltando sintió que estaba parada en un piso firme, aprovechando la oportunidad y utilizando sus ultimas fuerzas apoyada en ese piso que no era otra cosa que la leche vuelta queso, dio un gran salto y logro salir y así salvarse de morir ahogada. Si analizamos la actitud de la primera, tras verse enfrentada a una situación aparentemente sin solución se dio por vencida y murió; muchas personas reaccionan de una manera similar y al descubrir que tienen una enfermedad grave, o tal vez al descubrir que están en banca rota, o cualquier otra situación aparentemente sin solución siente que nada ni nadie podrá ayudarlos a salir de ese problema y terminan suicidándose, o caen en cama terminando así con su vida, tales personas fracasan o son vencidas porque sencillamente la oscuridad de las circunstancia que le acarrean no les permiten ver más allá donde esta un Dios que todo lo puede, que todo lo sabe, que ante aquello que a nuestra vista parece no tener solución él conoce el camino para vencer, El Shaday, El Grande, El todo Poderoso, El Dios de lo imposible, que da vista al ciego, al sordo hace oír, los paralíticos caminan y aun los muertos puede resucitar porque él tiene las llaves de la muerte.

La segunda actitud es la que todos deberíamos asumir, un espíritu de lucha, una filosofía de vida optimista y positiva que se aferra a la vida confiando en que Dios será ese piso que le permitirá dar el gran salto hacia la vida recordando las palabras del apóstol Pablo "Todo lo puedo en Cristo que me fortalece". Si llenamos nuestra mente de la palabra de Dios Divina e inspiradora encontraremos la fuerza necesaria para luchar, no habrá tiempo para llorar, no habrá tiempo para lamentos, no habrá tiempo para quejas, no habrá tiempo para auto compadecernos solo se vislumbraran salidas, bendiciones, puertas que se abren, un sol resplandeciente, una noche que se dibuja bellas y llena de estrellas, iluminada con la hermosa luz de la luna, todo un mundo maravilloso donde solo existen salidas. La Biblia señala que Dios nunca nos prueba más de lo que podamos soportar y puedo asegurarles que así es. La experiencia del cáncer no ha sido otra cosa que la oportunidad para que Dios se apodere totalmente de mi vida.

Muchas veces estaba tan agobiada de las cosas de este mundo, trabajo, estudio, ¡tantas cosas! ¡Que Dios necesitaba hacerse un rinconcito en mi vida! Cuantas veces pase un día entero sin buscar a mi Dios, cuantas veces lo deje esperándome junto a la cama para dialogar y del mismo modo en la mañana siguiente el día transcurría exactamente igual. No hay nada más que entristezca a Dios que nos olvidemos de él, si de él, entrego lo más precioso a su hijo Jesús para salvarnos y tan ingratos somos que pasamos semanas enteras sin hablar con él, sin escucharlo, sin conocerlo.

La vida avanza muy rápido y más aun cuando esta copada de múltiples actividades pero Jesús demostró que siempre se puede sacar un lugar para Dios, siempre supe esto pero no lo experimenté hasta el momento en que Jesús me dijo: Ana estad quieta y conoce que yo soy Jehová tu Dios. Es posible que en alguna ocasión te hallas sentido que todos tus esfuerzos se van a la basura, que todo tu trabajo es solo vanidad, así me sentí yo, tanto tiempo invertido en una formación y ahora quizás no llegaría a ver el fruto de ese trabajo. Como lo declara Eclesiastés 1:3 "¿qué provecho tiene el hombre de todo su trabajo con que se afana debajo del sol?" una interesante pregunta que podemos hacernos, si ponemos en balanza nuestro tiempo es posible encontrar que la distribución del mismo no es la más saludable ya que un alto porcentaje se dedica al trabajo y a actividades que mejoren nuestros ingresos económicos, otro porcentaje menor lo dedicamos a la familia que no solo es poco sino que también de baja calidad porque estamos tan cansados que no estamos en la mejor disposición para compartir un tiempo con la familia verdaderamente enriquecedor y por allá en el último lugar con el porcentaje más pequeño tenemos a Dios. ¿Será que nos hemos olvidado de sus consejos y promesas? Recordemos lo que Jesús declaro mientras hablaba del afán y la ansiedad: "Mas buscad primeramente el reino de Dios y su justicia y todas estas cosas os serán añadidas" (Mateo 6:33)

Cuando haces de tu vida diaria una experiencia en la cual cada paso que das lo haces con Cristo, entonces sus palabras cobran un gran significado ya que podrás comprobar como Dios añade todo lo que te hace falta de una manera abundante.

UNA ORACION: Amado DIOS, me presento ante ti como el diamante que necesita se pulido, como el oro que necesita ser pasado por el fuego purificador, tu conoces mis dudas, tu conoces mis miedos, tu haz limpiado cada una de mis lagrimas, no permitas que el enemigo gane la batalla en mi vida, no quiero sentirme victima, quiero sentirme afortunada, bendecida, privilegiada, porque tu guardarás en completa paz a todo aquel que en ti confía, guárdame en las horas de angustia y si desmayo que tu puedas llevarme en tus brazos poderosos, Amen.

V

¡QUE TENGAS SALUD!

Amado, yo deseo que tú seas prosperado en todas las cosas, y que tengas salud, así como prospera tu alma. (3Juan 2)

Cada vez que iba a recibir tratamiento en mi mente oraba a Dios para que él recorriese cada parte de mi cuerpo que necesitase ser sanada, me decía a mi misma: Dios tiene un plan para tu vida, Dios ha preparado algo grande para ti, Dios te ama y ahora te está abrazando, ¿Puedes sentirlo?, imaginaba que cada gota de medicina que entraba en mis venas eran esas gotas del agua del río de agua viva de los que habla Juan. El mismo apóstol nos recuerda que Jesús vino con el firme propósito de que tuviéramos vida y en abundancia porque el dio su vida para que nosotros la tuviésemos. En su capítulo 10 versículo 28 Juan escribió: "Y yo les doy vida eterna; y no perecerán jamás, ni nadie las arrebatará de mi mano". ¿No es hermoso? Que bellas palabras las del maestro imagínate ser un niño indefenso que camina por el valle de la oscuridad de la mano de Jesús pero que sus pasos son firmes y confiados porque el enemigo no podrá arrebatarnos de las manos de Jesús, entendiste eso **NADIE**

PODRA ARREBATARNOS DE LAS MANOS DE JESUS, él nos tiene bien sujetos, él no va a soltarnos, Satanás nos reclama como suyos, y pelea con Jesús pero no puede vencerlo su mano esta tan fuertemente tomada de la nuestra que jamás será la voluntad de Jesucristo soltarnos para que él nos tome. Satanás puede tentarte, puede desviarte del verdadero camino, puede aún más, tocar tu vida, pero jamás podrá tocar tu alma, si tú le cierras la puerta él nunca podrá entrar. Cuando el enemigo de las almas toca nuestras vidas con enfermedades mortales espera vernos derrotados y vencidos, sin embargo es allí donde entra en juego la fe, y sabemos que la fe es creer, es confiar, si tu puedes creer Dios hará maravillas, porque dice en su palabra al que cree todo le es posible, leíste bien, todo es posible si tu puedes creer, repite eso, todo es posible si yo puedo creer. La Biblia declara en Éxodo 15:26 "…Si oyeres atentamente la voz de Jehová tu Dios, e hicieres lo recto delante de sus ojos, y dieres oído a sus mandamientos, y guardares todos sus estatutos, ninguna enfermedad de la que envié a los egipcios te enviare a ti; porque yo soy Jehová tu sanador". A veces desviamos nuestras vidas del camino correcto y las enfermedades nos tocan, pero Dios se ha declarado como nuestro SANADOR, solo tenemos que creer, cuando Jesús tocaba a los enfermos estos eran sanos, cuando Jesús toca nuestra vida seremos sanos. Satanás quiere que pensemos que las cosas malas que nos pasan son obra de Dios, el quiere vernos destruidos, derrotados, si nos damos por vencidos el ganará la batalla pero si por el contrario nos aferramos a aquel que ya venció en la cruz del calvario podremos alcanzar la victoria porque esta lucha que estamos librando no es contra carne ni sangre dice el apóstol Pablo es contra el mismo Satanás y sin Jesús enfrentarnos a este enemigo es perder esa lucha, porque sin Cristo estamos en desventaja, amigo, amiga, no hay necesidad de que te enfrentes a tus problemas, tus luchas, tus obstáculos solo, el cielo hizo la maravillosa provisión para darnos la ayuda oportuna. Y si tu problema es que luchas con una enfermedad que está en tu cuerpo, o en el cuerpo de tu hijo, tu esposo, tu hermana, tus padres o cualquier ser querido no olvides que el profeta Jeremías nos presenta en el nombre de Jesús su maravilloso mensaje de sanidad: "He aquí que yo les traeré sanidad y medicina; y los curare, y les revelaré abundancia de paz y de verdad."(Jeremías 33:6) fíjate bien Dios nos esta diciendo, que si la enfermedad toca nuestras vidas o la vida de nuestros seres queridos el traerá la sanidad y oye bien, también traerá la medicina, no es grandiosos, te cuento que la enfermedad del cáncer actualmente tiene un alto porcentaje de vencerse pero los tratamientos son sumamente costosos, y lo que es peor aún, la lista de las personas que esperan un tratamiento en los hospitales es muy larga, entonces allí estaba yo, diagnosticada con un cáncer de mama izquierda a los 32 años y con una suma de dinero que necesitaba para los tratamientos y la operación que no tenía, es allí donde yo te digo que la promesa de que Dios traerá la medicina se cumplió, les dije a mis familiares la cantidad de dinero que necesitaba, pero les asegure que Dios era el dueño del oro y la plata y que él me proveería del dinero necesario, solo les pedí que oraran, y yo oraba, oraba y oraba y Dios respondía, respondía y respondía, me dio hasta el ultimo bolívar que necesite, ahora puedes ver "Por nada estéis afanosos, sino sean conocidas vuestras peticiones delante de Dios en toda oración y ruego, con acción de gracias"(Filipenses 4:6). Es que Nuestro padre es un Dios de absolutos, y cuando te dice por nada, es por nada, ni que habéis de beber, o que comer o que vestir, solo presenta tu necesidad delante de Dios con humildad y ruego, y el te dice que suplirá todo lo que te falte incluyendo la devolución de tu salud.

Algo puedo decirte y es que Dios obra de manera distinta en cada quien, por ejemplo al hombre que estaba treinta y ocho años enfermo, Jesús lo vio acostado y supo que tenía mucho tiempo así, él pudo sanarlo sin preguntar nada pero le dijo: ¿Quieres ser sano?, acaso él no sabía que este hombre tenía la esperanza de tocar el agua del estanque algún día y sanar, claro que lo sabía, sin embargo vemos que Jesús pregunta al hombre y este de inmediato reconoce su incapacidad, su impotencia, le dice:" Señor, no tengo quien me meta en el estanque cuando se agita el agua; entre tanto que voy, otro desciende antes que yo"(San Juan 5:5 al 8), el maestro quería ver que este hombre reconociera que sólo no podía, y le demostró que el poder de la sanidad estaba en él al decirle: "Levántate, toma tu lecho, y anda" que interesante, imagínate que tu hubieses sido aquel paralítico y Jesús te dice levántate, ¿lo harías? O le preguntarías ¿A caso no te das cuenta que soy un paralítico? Mira que fe la de este hombre que al instante tomó su lecho y anduvo. Jesús muchas veces nos dice levántate, toma tu lecho y anda pero nosotros nos quedamos paralizados y no solo esos sino que decimos pero Jesús como me levanto. Aquí en esta experiencia de sanidad que menciona la Biblia podemos notar tres pasos básicos para llegar a la sanidad, el primero es oír la pregunta de Jesús ¿quieres ser sano?, aquí me detengo, muchas veces con nuestra actitud decimos que no queremos ser sanos, damos a entender que no hay nada que puedan hacer por nosotros, es por eso que Jesús nos pregunta.

El segundo paso después de oír la pregunta es reconocer que yo solo no puedo, tener la humildad suficiente para decirle a Dios, ayúdame, porque por más que lo intento no puedo. Cuando respondemos de esta manera Dios nos coloca en el lugar perfecto para obrar la sanidad, es como un terreno preparado para ser sembrado, hasta que no este limpio, libre de piedras, hasta que no estemos libre de prejuicios él Señor no obra. Muchas son las personas que te van a desanimar, te contarán muchas historias de gente que le paso lo mismo que a ti y murieron, pero es que acaso Dios no es el dueño de la vida, es que se nos ha olvidado que solo él puede darla y quitarla, cierra tus oídos antes las personas negativas, abriga tus esperanzas en Dios, confía plenamente en él y ve segura hacia el tercer paso.

Tercer paso levántate, toma tu lecho y anda. Este tercer paso involucra la acción, no te quedes de brazos cruzados esperando que alguien se compadezca de ti y te ayude a llegar hasta el estanque, oye la voz de tu maestro y levántate. Toque muchas puertas en busca de los recursos necesarios y Dios utilizo a gente maravillosa como Raquel, Marielena y Sandra para proveerme del dinero necesario y fue lleno mi lagar y aún reboso de mosto. No puedes ver las maravillas de Dios si te quedas acostado, necesitas perder el miedo y levantarte, lo peor que te puede pasar es que te digan que no, pero te privas de un hermosos SI al no atreverte, levántate y ve en el nombre del Señor y él traerá la sanidad y la medicina que tu necesitas.

UNA ORACION: Padre amado, gracias por preguntarme si quiero ser sano, ayúdame a ir a ti confiando, creyendo, tu eres el dueño de toda riqueza y tu has prometido suplir todo lo que me falte, descanso en ti, espero en ti, creo en ti, en el nombre de Jesús me levanto, tomo mi lecho y ando, Amen.

VI

BUENOS DIAS JESUS

El es quien hace nuevas todas las cosas cada día, con cada amanecer te dice: te regalo un día totalmente nuevo.

Muchas veces después de las quimio tenía que estar en cama ya que el tratamiento es muy fuerte y se debe guardar el mayor reposo posible, eran largas las horas que pasaba a solas con Jesús, me gustaba mucho leer, pero los tres primeros días de cada quimio no podía mantener mis ojos abiertos, sentía una gran debilidad y no era para menos este liquido iba recorriendo el torrente sanguíneo arrastrando a su paso células buenas y malas es hasta los momentos la forma más efectiva que ha encontrado la medicina para combatir el cáncer. Debía alimentarme muy bien para recuperar los nutrientes que perdía pero la voluntad no me daba para comer nada, mi hermana Juana se preocupaba mucho y me decía tienes que comer, sino tendré que ponerte hidratación venosa, yo le decía al principio está bien, pero luego ya no quería, me resistía, comía tres almendras muy lentamente, el extracto de zanahorias y ensaladas verdes, poco a poco iba recuperando las fuerzas hasta que se despertaba el apetito y era allí donde tenía la oportunidad de ingerir todos los alimentos naturales que me recomendaban para subir mis defensas, entre ellos el noni, la linaza, el perejil, el pimentón, la guayaba, las uvas, el durazno, las frutas, verduras y legumbres eran mis mejores aliados, sin lugar a duda fuimos creados para comer solo cosas vegetales productos de las plantas y árboles, puedo decirles con asombro que mientras otros pacientes eran suspendidos en sus tratamientos por tener una hemoglobina y plaquetas bajas, yo milagrosamente tenía las defensas tan altas como para darles a otros decía el doctor Febres, ¡que alegría! mi Dios restaurando mis fuerzas cada día . Una mañana conmovida con la obra de sanidad tan maravillosa que Dios realizaba en mí le escribí este poema:

Buenos días Jesús, es un bello amanecer

En las gotas de la lluvia al caer

Siento tu dulce voz hablar a mi ser.

Bienvenido seas tú a la vida de un día más

Quiero darte mi perdón y una nueva oportunidad.

En la frescura del ambiente cada mañana

Puedo ver a mi Jesús sonriendo amablemente

Y siento que quiere expresarme lo valiosa que soy para él

Y que todo el cielo está cerca de mí para no verme caer.

Gracias mi dulce maestro,

Pues en tus brazos siento que puedo respirar

Y tranquila he de reposar, el ayer ya no existe más.
El mañana llegará, sólo tengo que esperar
Y mientras eso sucede
Sólo tengo el hoy, este día para contigo
Mi amado Jesús poder caminar.

Lo más hermoso de la experiencia de la sanidad es sentir como Dios va limpiando todo tu ser, empiezas a sentir que ya no eres la misma, solo quiere hablar de Jesús y nadie te puede parar, cuando Dios sana tu alma el Espíritu Santo te hace una nueva criatura, hoy puedo entender la experiencia de la mujer Samaritana, cuando se encontró con Jesús ya era casi un cadáver espiritual, había experimentado en los brazos de varios hombres pero en ninguno encontró felicidad, ella necesitaba de la sanidad de Jesús en el capítulo 4 del libro de Juan se nos narra este encuentro de la mujer samaritana, en el primer momento cuando Jesús le pide agua ella comienza a exponer una serie de argumentos raciales y sociales como excusa para que Jesús no le hablase, pero quizás en el fondo de su corazón, allí donde sólo Dios puede vernos, ella tenía miedo de ser descubierta , miedo a que se dieran cuenta quien era ella, más Jesús le dice que si tuviera idea de quien le pedía agua para beber, ella le rogaría que le dice del agua viva, Jesús sabía que ella estaba muriendo por dentro, estaba agonizando y necesitaba urgentemente el agua de vida, la mujer sin entender de que agua hablaba Jesús le dice que como iba a darle agua del pozo sino tenía como sacarla, es entonces cuando Jesús le responde que los que beben de esa agua volverán a tener sed, más el que bebe del agua que yo puedo darle nunca más tendrá sed sino que después de beberla se transformará en una fuente de donde saldrá agua de vida eterna. Abierto el diálogo la mujer le dice: "Señor dame de esa agua..." y Jesús le da a conocer a la mujer quien era aquel con quien ella hablaba, al descubrirlo ella recibe la sanidad inmediata de su alma y ahora no pudo parar de hablar, olvidando todo prejuicio social, salió corriendo a predicar, quería que la gente conociese a Jesús.

Una experiencia similar debe ocurrir en nosotros cuando bebemos del agua viva y recibimos la sanidad de nuestra alma, es que cuando experimenta la obra de Dios Espíritu Santo tu vida tiene que cambiar, cuando te encuentras a solas con Jesús jamás volverás a ser la misma persona.

Dios quiere darnos los buenos días cada día, el quiere hacernos de nuevo cada mañana y que desde nuestro interior fluya el agua para vida eterna, esa agua que inunda todo tu ser interior y que no puedes evitar que otros se mojen con el agua de vida eterna, pero esto solo se logra en la medida en que dialoguemos con él, al abrirle nuestro corazón y procurar conocerlo iras notando los cambios en ti, los demás se darán cuenta que ahora eres una mejor persona, algo así como cuando vas a la peluquería y te cambias el peinado, todos se dan cuenta que hay algo nuevo en ti, pero les cuesta trabajo saber que fue lo que cambiaste, hasta que tu le dices: solo cambie mi peinado. ¿A caso no estás cansado de ser la misma persona todos los días, no sientes la necesidad de experimentar un cambio espiritual, ese cambio del que Juan hablaba, que trae salud, prosperidad y abundantes bendiciones? Jesús te dice:" Yo deseo que tu seas prosperado en todas las cosas, y que tengas salud, así como prospera tu alma" (3Juan2).

Necesitamos tener principios de vida sana, no podemos pedir agua de vida a Jesús y seguir viviendo igual, yo tuve que reformar completamente mi alimentación, esas enseñanzas que desde niña conocía las puse en practica y hoy te puedo decir que es maravilloso como DIOS te devuelve la salud y te transformas en un testimonio vivo, una carta abierta la cual no temes que sea leída porque en ella solo encontraran a Jesús.

La Biblia declara que somos templo del Espíritu Santo, El Dios viviente, y es necesario que nuestra alimentación y estilo de vida estén en completa armonía con la voluntad de Dios, ten presente el mensaje de vida sana que involucra los remedios naturales:

Aire puro

Descanso reparador

Ejercicio

Luz del sol

Agua suficiente, por dentro y por fuera

Nutrición sana, balanceada

Temperancia

Espíritu Santo, buscar la palabra de Dios el pan de vida

Hoy día resulta bastante difícil respirar aire puro, sin embargo aún encontramos lugares hermosísimos, llenos de vegetación y donde podemos respirar ese aire puro que necesitan nuestros pulmones. Por otro lado el descanso es necesario que sea reparador, suficiente, muchas veces nos acostamos tarde y nos levantamos temprano y sentimos que no hemos dormido nada, evidentemente un cuerpo tan agotado y estresado que no reciba el descanso a apropiado, sentirá tan cansado o más de lo que se sentía cuando se acostó, es necesario que coloquemos a un lado todo aquello que resta tiempo al sueño reparador, físicamente el cuerpo se debilita sino recibe el descanso apropiado y es entonces cuando nos sobrevienen las enfermedades, estoy convencida que parte de eso fue lo que ocurrió en mi , me acostaba tarde de la noche, aún durante la noche despertaba para ver a mis niñas y muy temprano tenía que despertar para cumplir con las actividades de ese día , sin darme cuenta estaba socavando mi salud, el diccionario Encarta dice que salud es un estado en el que el organismo ejerce normalmente todas sus funciones y además dice que saludable es aquella persona que refleja un aspecto sano, provechosos para un fin, especialmente para el alma.

El ejercicio es una actividad física que tiene como propósito conservar el buen estado corporal y contribuye a mantener la salud mental. Es curioso pero he leído que las enfermedades ocurren primero en la psique y luego son somatizadas y es allí cuando descubrimos que estamos enfermos, si usted realiza ejercicios cada vez que tiene oportunidad los beneficios que obtendrá serán salud física y mental adecuada, si usted no puede correr camine pero, pero ejercítese o pronto va a lamentarlo .

La luz del sol posee un poder purificador abundante y maravilloso, el espíritu de profecía menciona que donde entra el sol no entran enfermedades, así que a tomar baños de sol, abrir las ventanas para que entren los rayos curativos del sol y lo que es mejor aún permitir que los rayos del sol de justicia bañen todo tu ser.

He oído decir que todas las enfermedades se pueden curar con el agua, y en realidad debe tener algo de peso esta declaración pues nuestro organismo esta en gran proporción compuesto por agua, la hermana Elena de W. en su libro ministerio de curación dice que necesitamos suficiente agua por dentro y por fuera, es decir tomarla y bañarnos así como también mantener nuestra casa y ropa limpia, esto es fundamental para la salud. El agua es vida sin ella no podríamos vivir, es parte constituyente de todos los organismos vivos, y el consumo de agua al que me refiero no es el de la sopas o jugos sino a el de agua pura, limpia y cristalina que tiene la propiedad de limpiar nuestras células y regenerarlas.

La alimentación sana y balanceada de la cual ya hemos hablado es valiosísima pero más aún lo es la alimentación espiritual. Nadie puede vivir sino se alimenta, no puede permanecer vivo espiritualmente sino come del pan de vida," no sólo de pan vivirá el hombre sino de toda palabra que sale de la boca de Jehová", busque con solicitud la palabra de Dios, experimentará la salud espiritual y se sentirá tan fuerte que podrá ayudar a otros ha experimentar lo mismo que usted.

Sea temperante en todo, al comer, beber y hacer, recuerde el consejo bíblico si comemos o bebemos o hacemos cualquier otra cosas debemos hacerlo todo para glorificar el nombre de Dios. No comer en exceso, no trabajar en exceso, no llevar al extremo las cosas pues esto produce daño a nuestra alma y cuerpo, templaza es uno de los dones del Espíritu Santo, reclamémoslo.

Las bondades de Dios están al alcance de todo aquel que desee tomarla, todos los días Jesús nos da los buenos días, y pone en nuestras manos un día totalmente nuevo, recién salido del horno como el pan caliente, un día cero kilómetro, ¿Qué harás con el?

UNA ORACION: Señor gracias porque tu haces nuevas todas las cosas cada día, ayúdame a dejar el ayer y vivir el hoy, se que te he fallado, pero enséñame a contar de tal manera mis días que traiga a mi corazón la sabiduría celestial, amén.

VII

UNA ORACION CONTESTADA

Este pobre clamó, y le oyó Jehová, y lo libró de todas sus angustias

---

Ya había terminado los cuatro ciclos de quimioterapia y solo faltaba recuperarme para realizar la operación, el doctor Uribe me indicó que esperaríamos dos semanas y hasta entonces se realizaría la operación, cuando hable con el doctor Febres para saber cuantos ciclos de quimioterapia me aplicarían después de la operación, él se sonrió y dijo: si todo en la operación salía bien y este cáncer no esta ramificado y si los ganglios están limpios, te aplicaremos dos ciclos de quimio más y listo, me puse feliz y desde ese momento comencé a orar para pedir a Dios el milagro, Señor que todo este limpio, era lo único que le pedía , Señor yo estoy dispuesta a cumplir tu voluntad, se que tu me has demostrado cuanto me amas, por favor no quiero más quimio y tu sabes que el doctor me aseguro que si todo esta limpio recibiré dos ciclos más y listo, yo voy a pedirte algo más, comprare los dos ciclos y se que tu estarás de acuerdo conmigo. Así lo hice, con la ayuda de mi amiga Raquel, a la que llamaba mi ángel compre los dos ciclos y los guarde.

Llego el día, 9 de Mayo, programado para operar, tuve algunos contratiempos pero Dios iba guiando todo y a las ocho de esa mañana me estaban practicando los estudios necesarios para operar, el doctor Uribe había dicho que a las doce y media será la operación pero no pudo ser así pues tuvo otras intervenciones, todavía recuerdo estar en el cuarto y recibir el desfile de amigos y hermanos dándome animo, haciéndome reír, mi esposo salió a buscar a las niñas para llevarlas donde María y llego mi hermana Juana, luego Patricia y Carlos, después Laura, la abuela (por cariño) Esperanza también malupe, Elisa y todos reunidos alrededor de la cama, dándome animo, nadie se atrevía a llorar, yo como siempre riendo, pero por dentro muy nerviosa, de pronto el doctor nos visitó y dijo dentro de un rato la operamos, realizamos una oración con el doctor y todos salieron la enfermera vino a buscarme, fue tan cariñosa, me trataron también, me sentía como una reina.

Eran las tres de la tarde, ya en la sala del quirófano recordé las palabras de la hermana Rosita de Franco: habla con franqueza a Dios antes de la operación, pide perdón por tus pecados y espera en él. Sabía que estaba en las manos de Dios, una vez que durmiera por la anestesia no podría asegurar que despertaría. Jelipza pudo ver el croquis de la operación que realizó el radiólogo y me dijo: Ana te harán cirugía preservadora. Inicialmente el doctor me habló de una cirugía radical ya que el tumor era grande para el tamaño de la mama, sin embargo con los ciclos de quimioterapia de cuatro centímetros se redujo a uno, no era maravilloso, casi un noventa por ciento para la honra y gloria de Dios. Sentí como la anestesia me iba durmiendo, cerré mis ojos y me entregue a Jesús, cuando desperté ya todo había terminado, me llevaron al cuarto y allí todos estaban muy contentos con los resultados de la operación, la cirugía duró alrededor de tres horas y se encontraron con que el tumor no había tocado ni un poquito de mi piel y lo que era más significativo aún, los ganglios completamente limpios, aleluya, alabado sea el nombre de Dios, para él nada es imposible, Jesús mi fiel amigo, mi dulce caminar, se quedo conmigo y ahora ya no quiero volver atrás, OH Señor solo quiero estar en ese lugar donde está la paz y donde yo callo para oír tu voz. Te das cuenta le decía a mi hermana, es que Dios definitivamente me ama, todo salio tal como se lo pedí, me sentía en la gloria de mi Señor, como dice el salmista: "Gustad, y ved que es bueno Jehová: Dichoso el hombre que confía en él" (Salmo 34:8)

Si, Jesús es mi fiel amigo, no hay nadie como tu, creo en ti Señor, creo que tienes un propósito con mi vida, creo que tu poder restaurador se extiende a todo aquel que se atreve a creer.

Cuando regrese a casa todos estábamos muy alegres, sabes? Se siente algo extraño, difícil de explicar, cualquier palabra que utilice se queda corta, realmente para el ser humano conocer a Jesús es todo, no se necesita nada más escribe este poema para tratar de expresar un poco la experiencia de conocer a Jesús y su obra a favor de todos nosotros:

Quiero que conozcas a Jesús

Su amor llenará tu alma de luz

Un gozo indescriptible inundará tu ser

Una vez que aprendas a vivir junto a él.

Mi Jesús, mi Salvador, mi amigo, mi hermano,

Mi redentor; su vida en la cruz por mi entrego

Me ama desde el principio, cuan bueno es Jesús.

Cuando tú conozcas a Jesús

En tu vida todo cambiará
Reflejaras su paz, sentirás su poder
Y al mundo también desearas darlo a conocer.
Contagiarse de su verdad, su santidad,
Su gracia redentora, su amor perdonador,
Es algo inevitable
Es simplemente conocerle y amarle
Amarle y conocer
A ese Jesús que experimente yo
A solas en mi habitación.
Al encontrarte con él podrás comprobar
Es amor, es mansedumbre, es bondad
Y lealtad. Es un ser incomparable ya lo
Experimentarás, comprobarás por ti misma
Que Jesús nunca, nunca
Te fallará.

Mucho se ha escrito sobre lo que es la oración: una llave, una puerta, una forma de comunicación, un puente, un enlace directo con nuestro Señor. La Biblia menciona de ella que no es vana repetición es hablar como con un amigo de corazón a corazón. Antes Moisés podía oír la voz de Dios, cuando en el monte santo subía para conocer su voluntad era algo tan santo que el semblante de Moisés cuando bajaba al pueblo era distinto, reflejaba una gloria, un brillo, un esplendor que nadie podía tolerar la presencia de Moisés, él venía de contemplar la gloria de Dios y proyectaba esa santidad, esa pureza celestial.

Cuando te menciono esto es porque quiero llevarte a pensar en cual ha sido tu experiencia de oración, ¿has tenido el privilegio de disfrutar de una oración contestada? ¿Has probado el sabor a cielo que queda? Dios me dio mucho más de lo que le pedí y es que su palabra claramente dice que él sabe darnos más abundantemente de lo que pedimos. El himno dice: dulce oración, dulce oración, elevas tu mi corazón, oh cuantas veces tuve en ti auxilio en ruda tentación y cuantos bienes recibí, mediante ti, dulce oración.

En la revista dialogo leí un articulo de Dan Smith donde se habla del ¿cuál es el propósito de la oración? Y una de las cosas maravillosamente ciertas dice: "la oración no cambia el carácter o el corazón de Dios, pero le brinda enormes oportunidades de obrar maravillas". Existen personas que cree que la oración no da resultados, que aseguran haber orado por mucho tiempo, haber orado con fe, pero nunca obtuvieron lo que pidieron, eso les hace pensar que la oración es algo inútil y dejan de orar.

Por mi experiencia personal he visto que la oración fortalece la relación con nuestro Dios, él mismo Jesús muy temprano en la mañana se levantaba para orar al padre. Mediante ella nos conectamos con la sabiduría y el poder divino y nuestra voluntad se acerca a la voluntad de Dios, eso significa que nuestros pensamientos son transformados, se podría definir con las palabras de San Pablo: "ya no vivo yo, más Cristo vive en mi".

UNA ORACION: Padre eterno tu haz dicho, buscad y hallareis, llamad y se os abrirá y hoy quiero pedirte que permitas en mi vida una experiencia plena a través de la oración, aunque a veces mi fe falte, enséñame a creer en ti, enséñame a cree en el poder de la oración, te abro mi corazón, entra en el y mora para siempre conmigo, Amen.

VIII

CUMPLIMIENTO DE LA PROMESA

La vida sin sol es fría, sin lluvia es seca, sin compañía es triste, sin amor es vacía, pero sin Dios simplemente no es VIDA.

Recuerdan que en el capitulo anterior les conté de la promesa de el doctor, que después de la operación si los resultados de la biopsia definitiva eran alentadores me aplicarían dos ciclos de quimio para culminar el tratamiento, pues bien una vez recuperada de la operación asistí al consultorio para iniciar las ultimas quimio, iba muy contenta, me sentía sana y a pesar de estar convencida de que Dios ya había limpiado mi cuerpo, como paciente obediente tenía la disposición de cumplir el tratamiento, he conocido pacientes que después que han sido operados y confirmar los resultados no terminan el tratamiento de quimioterapias, algo con lo que no estoy de acuerdo. Este tratamiento funciona igual que cualquier otro tratamiento medico, tiene unas instrucciones, una dosis, y una tiempo, si tu ejecutas al pie de la letra cada paso y llegas hasta al

final, tu organismo habrá recibido lo necesario que en cada caso el medico especialista considera justo. Ahora bien, en cierto modo comprendo a ese tipo de pacientes, porque viví en carne propia cada efecto secundario de las quimioterapias pero si en realidad quieres estar seguro de haber hecho un gol, una línea, en tu mejor juego que es la lucha por sobrevivir al cáncer, entonces no te rindas antes de llegar a la meta porque sino todo tu esfuerzo habrán sido en vano. Cuando se esta enfermo y cumples tus tratamientos lo que tu esperas es que te den de alta. Mis dos últimas visitas fueron algo impredecible, ya no quería respirar el olor y sentir la atmósfera de aquel lugar, que aunque muy lindo y adecuadamente acondicionado me traía recuerdos ,no quería estar allí, la respuesta de mi organismo era obvia, se resistía, era tanto así que sin haber recibido el tratamiento los vómitos aparecían, nauseas y malestar, pedí estar sola porque solo lloraba, lloraba y lloraba y vomitaba todo el tiempo; Maritza la enfermera estaba de vacaciones y la suplente trataba de ser muy dulce y se entristecía por verme llorar, todos allí me decían que porque lloraba si ya estaba sana, si ya estaba terminando, pero yo en realidad no lloraba por temor, o por miedo, simplemente lloraba y desconocía el motivo , les decía tranquilos no se preocupen yo se que estoy bien, yo se que Dios me ha sanado pero creo que estas lagrimas son de alegría mezclada con agradecimiento a Dios, cumplió su promesa, tal como se lo pedí.
Así es querido lector Dios cumplió su promesa de sanidad, viene a mi mente ese hermosos himno que dice: "grandes, fieles, todas las promesas que el Señor ha dado; grandes, fieles, en ellas yo por siempre confiaré".

Cuando éramos pequeños y alguien nos prometía algo, nosotros aguardábamos ansiosas el día del cumplimiento de esa promesa, y es que en nuestra condición de niños siempre confiábamos en aquella persona. Busque en el diccionario el significado de promesa y encontré las siguientes definiciones:

"expresión de la voluntad de dar a alguien o hacer por él algo".

"La que no se confirma con voto o juramento".

Estas definiciones son muy claras, las promesas son algo que se dan por voluntad propia, nadie te las exiges, tú prometes voluntariamente porque así lo quieres, y aunque trates de jurar, lo único que hace verdadera la promesa humana es el cumplimiento de la misma. El ser humano es muy dado a prometer, pero se hemos visto muchísimas veces cuanto falla en cumplir lo que promete: padres, maestros, esposos, esposas, hijos, amigos, prometen y prometen, si con la misma intensidad de la promesa las cumpliesen nos ahorraríamos muchas decepciones. Por su lado Dios es fiel en el cumplimiento de sus promesas, por encima de las dudas que llegan a nuestros pensamientos mientras esperamos, el siempre cumplirá, a cada uno de manera diferente, pero es consecuente con todos sus hijos por igual. En La Santa Biblia están varias promesas que me llenan en particular y quiero compartirlas con ustedes para que las abracen en los diferentes momentos que se pasan en la vida:

- Si sientes que has perdido a Dios lee Jeremías 29:13 "Me buscarás y me encontrarás, cuando me busques de todo corazón".
- Si sientes que ya no puedes lee Isaías 41:10 "No temas, porque estoy contigo, yo soy tu Dios. Te fortaleceré y te ayudaré".
- Si necesitas sabiduría lee Santiago 1:5 "Si alguno tiene falta de sabiduría, pídala a Dios, y le será dada".
- Te sientes desorientado lee Proverbios 3:6 "Reconoce al Señor en todos tus caminos, y él enderezará tus veredas".

- Cargado de actividades y mucho trabajo lee Isaías 40:30-31 "Aún los jóvenes se cansan y se fatigan, pero los que confían en Dios renovarán sus fuerzas".
- No sabes como enfrentar nuevas situaciones lee Salmos 32:13 "Te haré entender, y te enseñaré el camino en que debes andar, sobre ti fijaré mis ojos".

En gratitud a que Dios que es un ser perfecto, fiel en cumplir sus promesas escribí las líneas del siguiente poema:

Un dulce aroma llega,

Una suave melodía,

Un rayo de luz que señala un nuevo día,

Estoy viva ¡que alegría!

Su bendición me dio con el amanecer,

¡Quiero vivir!

¡Quiero reír!

¡Y también soñar!

Que Jesús sea para mi la razón de mi existir,

Lo honraré y alabaré, es lo que él merece.

Por mí se entregó en la cruz:

Jesús, Jesús, Jesús, por ti yo quiero vivir.

Tras los calidos reflejos del sol al atardecer,

Siento su mirada suave y su dulce voz a mí oído susurrar:

El día ha terminado

Llega la hora de dormir

Puedes ir tranquila, no tengas miedo,

Junto a tu cama estaré,

Nunca más estarás sola

Siempre te acompañare.

Gracias Jesús amado, gracias por el día de hoy

Voy a tomar tu consejo: ¡Vive un día a la vez!

Quizá tu experiencia con las promesas humanas sea similar a la mía, muchos cosas me han prometido, muchas cosas he prometido, pero en verdad pocas se han cumplido. Pude experimentar que Dios es tan real, tan verdadero, y que no existe en la tierra otro igual a él, nadie puede llenar mi vida de la forma que lo hace él, nadie puede traer tanto consuelo, nadie puede darme tanta esperanza, nadie puede darme tanto animo, nadie puede darme tanta seguridad, nadie sino él. En el encontré la paz que busque en los momentos de angustia, él fue la brújula, el faro que guía, era su rostro que veía como me sonreía, era sentir esa fortaleza que solo experimentas cando estás en una cuesta muy inclinada, y vas caminando pero sientes que alguien te hala y de esa forma llegas arriba y sientes que es hermosa la cima, pero al mirar hacia bajo te asombras de lo que has dejado y solo puedes decir: Gracias Señor Amado.

UNA ORACION: Amado Dios, gracias porque tus promesas son fieles y verdaderas, gracias porque cuando más te necesito tu estas allí, para animarme, para consolarme, para dirigirme, para abrazarme.

IX

FELICIDAD ES UNA ACTITUD FRENTE A LA VIDA

Cuando el destino intimide tu corazón y sientas en tu alma el temor de la soledad, sonríe porque cerca de ti está Dios.

Cuando terminé los 6 ciclos de quimioterapia, me sorprendí con lo que el doctor me dijo: ahora tienes que aplicarte radioterapia, ¿cómo? Usted no me había mencionado nada de eso, fue mi respuesta, el dijo: Esto es necesario, pues contribuye a eliminar cualquier célula del cáncer que se le halla escapado a la quimio y que este cerca de la zona de la mama, entendí pero realmente estaba recién asimilando aquello. El doctor mencionó que contaban con dos técnicas para las radioterapias; cobalto y acelerador lineal, los resultados eran similares, sin embargo en los efectos secundarios las radioterapias con cobalto pueden ocasionar mayores daños ya que el paciente es expuesto mayor tiempo a la radiación, por el contrario esos riesgos disminuyen con el acelerador lineal ya que el paciente pasa menor tiempo en exposición a la radiación.

Elegí el acelerador lineal, fui en busca del doctor Cañizales un médico oncólogo experto en medicina nuclear, el mismo día que fui me atendió, dio todas las explicaciones necesarias y señaló que era muy importante iniciar esas radioterapias dentro de un lapso posterior a la operación de 13 semanas aproximadamente, si este lapso sobre pasaba ese tiempo existían riesgos de la propagación de una célula , yo había sido operada el 9 de mayo, contando que al 21 de junio, fecha de la ultima quimio habían transcurrido 7 semanas teníamos que estar iniciando a más tardar la primera semana de Agosto , pase por la administración las sesiones de radio terapia de acuerdo a la edad, sería de 36, antes de iniciar se realiza una serie de tomas y mediciones para señalar el lugar exacto donde dirigirán las radiaciones, me entregaron el presupuesto y no se imaginan el costo, siete millones, los cuales no tenía, me despedí, las personas que trabajan en ACELIN son realmente excepcionales, tan amables, tan cariñosas, desde las recepcionistas, aseadoras, médicos, técnicos, y todo el personal en general. En el camino iba orando a Dios, el era el dueño del oro y la plata, confiaba que del mismo modo que me ayudo lo seguiría haciendo. Toque varias puertas, mi familia preocupada, gracias a Dios mantenía una actitud positiva, ese dinero estaba en algún lugar esperando por mi.

Para mi sorpresa Dios respondió más rápido de lo que cualquiera puede soñar, mi amiga Raquel nuevamente consiguió el dinero necesario para pagar las sesiones de radio terapia y me dijo que hablara con la administradora para ver si ellos podían exonerar el millón y medio de la planificación, ya estábamos en la ultima semana del mes de julio, quedaban pocos días y para gloria de Dios en ACELIN gustosamente exoneraron el millón y medio de la planificación y la primera semana de agosto estaba iniciando el tratamiento; no les parece maravilloso, realmente Dios nunca nos pone en una situación de la que él mismo no pueda rescatarnos, la Biblia fue mi bálsamo y aliciente en todo momento, especialmente el libro de filipenses, entre los texto que más fortaleza y animo me dieron están:

“Por nada estéis afanosos, sino que sean conocidas vuestras peticiones delante de Dios en toda oración y ruego, con acción de gracias”. (filip.4:6)
“Mi Dios suplirá todo lo que os falta conforme a sus riquezas en gloria en Cristo Jesús”. (Filip. 4:19)

El tiempo que pase en ACELIN puedo decirle que es una de la experiencia más enriquecedora, te consigues con pacientes de todo tipo, alegres, extrovertidos, tímidos, pesimistas, pero en fin tienes que aprender a sonreír. Es muy fácil que la actitud de otros te contagie pero cuando esta no es la más esperanzadoras entones debes decidir. Pienso que alguien que haya sido bendecido de una forma tan maravillosa como lo fui yo solo tiene una actitud a seguir, sonreír, estar gozoso, siempre gozoso.

Durante todo el tiempo que estuve en tratamiento no interrumpí los estudios en la universidad ni el trabajo en el colegio, algunas personas insistían que yo debía estar en reposo pero el doctor me dijo que si en casa me sentiría triste que hiciera mis actividades pero que fuera prudente y me cuidara de las gripes o cualquier otro virus ya que estaba con las defensas muy bajas y una enfermedad por inofensiva que fuese sería peligrosa en mi caso. La directora del colegio la profesora Milder de Palacio fue mi comprensiva conmigo y me ubico en el departamento de orientación, donde sin duda alguna sabia me iba a sentir útil y si algún día amanecía débil o quebrantada podría ausentarme sin que esto afectara el curso normal de las actividades de la institución. Hasta ese momento mi cara estaba todavía muy oscura y con señales pronunciadas de los efectos de la quimioterapia, el cabello aún no aparecía, tenía una linda peluca que la hermana Mireya muy amablemente me facilito, me gustaba mucho, era suave, con mechitas muy coqueta, con el tratamiento de la dermatóloga trataba de contrarrestar los efectos de la quimio pero era bastante difícil, sin embargo ya terminadas las quimioterapias, la mejoría comenzó a notarse, ya el año escolar estaba por culminar y también el semestre en la universidad concluyó exitosamente, agradezco a Patricia y María que cuando no podía ir se preocupaban por ponerme al día, aunque a veces se olvidaban de las explicaciones especialmente de matemática e inglés, tan lindas, prestaban mucha atención y con entusiasmo me iban a explicar pero luego con una gran sonrisa me decían que se les olvidaba, bueno pero pasamos todas las materias de ese semestre, los profesores me apoyaron mucho especialmente, Jaime Iribarren, Cecilia, tan linda siempre preocupada por mi me llamaba y me animaba asegurándome que Dios me sanaría, saben es bello ver como alguien que a pesar de no profesar tu misma religión manifiesta una fe que te fortalece, la profesora Norelis, Marielena siempre me hacían sentir su cariño y preocupación. Cuando hago memoria de cada uno de los momentos que he vivido en la batalla contra el cáncer solo puedo decir que fue una bendición, un gran privilegio ya que descubrir cuanta gente me quiere y cuan maravillosos es mi Dios.

UNA ORACION: Padre de amor y de misericordia que te apiadas de todo aquel que te busca, que no te limitas en colmarnos de tus maravillosas bendiciones, gracias, muchas gracias, todo lo usas para decirnos cuanto nos amas, solo tu sabes hacer brillar la luz en la oscuridad, solo tu sabes dar la calma en medio de la tormenta, solo tu sabes darnos esa seguridad, esa confianza, esa fe que necesitamos cuando nos enfrentamos a los gigantes como Goliat, solo tu puedes hacer de nosotros ese pequeño David que solo con una honda y una piedra derroto al gigante, porque tu eres el poder para vencer. Amen.

X

DISFRUTANDO LA VIDA DIARIA

El punto crítico en el proceso del crecimiento es descubrir la fuerza esencial que tienes en el interior y sobrevive a cualquier herida ¡Dios es tu fuerza esencial!

Quiero contarles los grandes descubrimientos que Dios me permitió hacer en esos días donde me enfrentaba a circunstancias un tanto difíciles, lo primero es que no es bueno que nos vean quebrantados ante la prueba, debemos mostrar estabilidad, hay que estar tranquilos, san Pedro en su segunda epístola nos aconseja:
"...todas las cosas que pertenecen a la vida y a la piedad nos han sido dadas por su poder divino..." "Por medio de las cuales nos ha dado preciosas y grandísimas promesas, para que en ellas llegaseis a ser participantes de la naturaleza divina..." "...poniendo toda diligencia por esto mismo, añadid a vuestra fe virtud..." "echando toda vuestra ansiedad sobre él, porque él tiene cuidado de vosotros". (2 Pedro 1:3, 4, 5,7)

Otro aspecto importante es conocer a Dios personalmente, no por lo que te dice el pastor, o los hermanos, sino por tu experiencia al estudiar su palabra y por medio de la oración dedicando tiempo para él. Daniel 11:32 expresa: "…más el pueblo que a su Dios conoce se esforzará y actuará".

Que hermosos es poder decir que yo conozco a Dios, aprender a estar quietos para conocer todo lo que Dios puede hacer mediante sus instrumentos. Frecuentemente solemos orar por prosperidad, sin embargo es tiempo de empezar a orar por: alabanza, gratitud, espiritualidad para conocer a Dios, como obra y opera en nosotros, como anduvo y como puede llegar a solidificarnos, a darnos paz y gozo.

"Estad quietos, y conoced que yo soy Dios;"(Salmos 46:10)

Es necesario hacer un análisis de lo que ha sido nuestra vida cristiana hasta estos momentos, cuanto conozco de ese Dios que sigo, preguntarnos lo que sabemos y no lo que sentimos.

Algo que aprendí es a no ser negativos, esta actitud nos hace daño, estar tensos nos perjudica, tenemos que aprender a echar en Jesús toda nuestra ansiedad, tener un equilibrio entre el trabajo, jugar, reírnos, si, ría más y llore menos.

"Estas cosas os he hablado para que en mi tengáis paz. En el mundo tendréis aflicción; pero confiad, yo he vencido al mundo". (Juan 16:33)

"Todos los días del afligido son difíciles; mas el de corazón contento tiene un banquete continuo". (Prov. 15:15)

Si de eso se trata de estar continuamente disfrutando la vida que Dios nos otorga, él es un Dios compasivo y cada día que abrimos nuestros ojos para ver es indudablemente una nueva oportunidad, no espere a estar enfermo para creer, no necesita saber que tiene una enfermedad incurable o mortal para entonces querer vivir más, es algo así como el juguete que se le da a un niño, lo tiene, lo usa y luego lo tira, pero cuando le dices que o vas a dar a otro niño que lo aprecie, entonces llora y te dice que ahora si lo quiere.

Dios nos dio esta vida, la tenemos, la usamos, algunos hasta abusamos de ella, luego no valoramos el verdadero milagro que involucra la vida, es todo un mecanismo complejo que permite que nuestro organismo se mantenga vivo, son millones de procesos que solo los expertos estudiosos del cuerpo humano conocen, pero solo en un porcentaje pequeño, en lo que Dios les ha permitido conocer, pues existen procesos que aun para el hombre de la ciencia son un misterio. Todo estos y solo hasta que somos sacudidos por las pruebas es que rogamos a Dios que nos de una segunda oportunidad, y él tan misericordioso, nos otorga esa segunda oportunidad la cual muchos son los que mal abaratan olvidando pronto por lo que han pasado.

Disfrutar la vida diaria implica varios elementos:

- Aprender a recibir lo que Dios te da
- Entender que la bondad de Dios debe guiarnos al arrepentimiento
- Saber que cuando Dios nos pide que ayudemos a otros en verdad lo que quiere es bendecirnos
- La misericordia de Dios es nueva cada día

El enemigo de las almas, Satanás, no puede impedir los planes de Dios, el sólo puede desenfocarnos y confundirnos, pero los instrumentos de Dios que llevan a cabo sus planes, porque hay que tener claro que Dios no hace nada sin usar a un instrumento, ellos se proyectan hacia lo que más necesitan, fe + poder de Dios= victoria. No puedes experimentar esa victoria sino entras en el santuario de Dios, si tu no oras, no puedes entrar en el santuario de Dios, entonces estás en peligro ya que Satanás hace en la esfera natural un daño tal que puede afectar tu esfera espiritual y entonces desvincularnos de lo eterno, prueba conocer a Dios, experiméntalo en tu vida diaria, "cosas que ojo no vio" Dios las hará mucho más abundantemente de lo que las pedimos. El profeta Joel dice:"alégrate tierra porque Jehová hará grandes cosas". Cuando Satanás toca nuestras vidas con pruebas como a Job, se ríe porque cree a ver ganado, pero recuerden el que ríe a último ríe mejor, él produce angustia, ansiedad, incredulidad, duda; pero Dios nos librará de todas esa cosas, no pierdas de vista el propósito de Dios, digamos como María: "Hágase conmigo conforme a tu palabra", mientras más somos probados más cerca estamos de la liberación, experiméntalo y aprende a vivir disfrutando de la compañía diaria de nuestro amado Jesús y el Espíritu Santo.

UNA ORACION: Señor, reconozco que muchas veces he dejado de disfrutar la vida que me regalas por enfocarme en mis problemas cotidianos, enséñame a entender el propósito de las cosas para mi vida, que pueda percibir tu voluntad y tenga la disposición para cumplirla. Amen.

XI

EL HACE NUEVAS LAS COSAS

Nuevas son cada mañana; grande es tu fidelidad. Mi porción es Jehová, dijo mi alma; por tanto, en él esperaré. (Lamentaciones 3:23, 24)

Cuando se está enfermo en una cama y encerrado en cuatro paredes, frecuentemente se dejan de admirar las cosas hermosas que Dios prodiga cada día, cuando el profeta jeremías declara que nuevas son cada mañana nos esta diciendo que nunca un día es igual al otro. Los dolores y padecimientos propios de una enfermedad pueden parecernos interminables, sin embargo no existe mejor medicina que contemplar la hermosura de Jehová en cada flor, en cada rayo de luz que penetra en nuestra desolada habitación. Cuando logramos ver una luz que pasa por nuestra ventana debemos admirarla, esa luz es Dios tratando de decirnos que grande es su fidelidad y tal como Jeremías debemos elevar nuestra esperanza, fortalecer nuestra fe, alzar la voz y glorificar a Dios mientras esperamos en él.

He descubierto que el brillo de sol, que el verde de los árboles, que el canto de los pájaros, y el dulce aroma de las rosas son la expresión de Dios, son el canto de victoria de ese nuevo día. Cerrar nuestros ojos y poder abrirlos para despertar en un día completamente nuevo, recién salido del horno es un milagro maravilloso, nos hemos acostumbrado a vivir todos los días iguales y es por eso que dejamos de notar la diferencia entre uno y otro.
Durante las 36 radioterapias que tuve que recibir, ningún día era igual, anhelaba el día siguiente para gozar de la compañía de personas que tenían padecimientos similares a los que muchas veces me aquejaban, compartía con ellos, hablábamos de nuestras dolencias y nos animábamos al ver como Dios día a día restablecía nuestra salud. Aprendí que existen a nuestro alrededor personas que sufren más, experimenté el gozo de poder dirigirle una palabra de ánimo, Dios llenaba cada espacio de mi mente, por eso no había lugar para el desanimo, no cabía la derrota. Recuerdo a Liliana una señora de 70 años aproximadamente su experiencia realmente fue de fortaleza para aquellos que tuvimos el privilegio de conocerla, era su tercera vez que padecía de cáncer y con una sonrisa solía decir que el cáncer le tenía miedo a ella pues esas era la tercera vez que le ganaba. A pesar de sus años, nos hacía reír, ella es una maestra jubilada y con mucha normalidad decía que la enfermedad la repetía cada 14 años así que probablemente la cuarta vez que le pudiese tocar ya estaría descansando en Dios. Que bonito poder oír a alguien hablar con tal naturalidad de la vida y la muerte, en torno al tema muchos prefieren no hablar, siente temor a la muerte, pero es que cuando te siente tan cerca de ella descubres que nos es tan sombrío, sino más bien es un estado en el que reposarás seguro esperando el día de la resurrección. Cuando entendemos esto realmente comenzamos a vivir, ya que vivir angustiados pensando en el día que

hemos de morir realmente eso no es vida, eso es un suplicio, una tortura china.
El apóstol Pablo dijo: "Porque para mí el vivir es Cristo, y el morir es ganancia" (Filipenses 1:21) Pablo tuvo que padecer y sufrir por causa del evangelio muchísimas veces, por eso sentía que morir sería una ganancia ya que eso lo acercaría más a Dios, pero sentía que morir era ganancia pues aprendió a vivir en Cristo, sin embargo estaba claro que tenía un propósito mientras viviera, predicar el evangelio eterno de Jesucristo. Tener un propósito de vida marca la diferencia, cuando sientes que tienes cosas por hacer te esfuerzas por sobreponerte, luchas, no importa cuan doloroso sea el camino a la recuperación pero si eso prolongara tus días en la tierra que Jehová tu Dios te da vale la pena.
Jesús mismo padeció burlas, vituperios y la peor muerte, pero el propósito de salvar a la humanidad perdida lo mantuvo firme, el pudo librarse de ese horror de muerte, pero el profeta Isaías nos relata que como oveja fue llevado al matadero y no habló para defenderse, solo se dejo oír su voz para pedir al Padre: "Perdónalos porque no saben lo que hacen".
No depende de nosotros los días que hemos de vivir pero lo que si depende de nosotros es cómo los hemos de vivir, "Regocijaos en el Señor siempre. Otra vez digo: ¡regocijaos! (Filipenses 4:4)
Querido lector atrévete a descubrir lo nuevo de cada día, siente la diferencia entre uno y otro, prográmate para encontrar el deleite aun en medio del dolor y el sufrimiento, entiende que alguien más te necesita, comprende que Dios tiene un propósito contigo, déjale entrar en ti, dale la libertad de obrar en tu vida, permítele mostrarte las grandes cosas que pueden lograr juntos, nadie puede vivir sin servir a otros, nadie puede llegar al cielo sin experimentar el gozo del servicio, necesitamos entender que hay una labor de sanidad que

hacer, pero la obra es de Dios, y el quiere sanarte, quiere limpiarnos de toda maldad, para que podamos llevar sanidad a otros, tu experiencia sin lugar a dudas será útil para otros, no la calles, no la escondas, no sientas miedo de los que otros puedan decir o sentir con respecto a ti, dile a Señor, úsame, moldéame a tu imagen Señor, que sea el quien expulse todo lo que te aqueja, que sea él quien disuelva el dolor, que sea el tu analgésico, levántate de esa cama, sal de ese encierro, busca la ayuda del cielo, procura la medicina que la ciencia pone a tu alcance, no permitas que la incertidumbre te alcance, llénate de fe, de optimismo, recuerda que Dios hace nueva cada mañana.

UNA ORACION: Señor y padre que estas en el cielo, tu que puedes ver en mi corazón, tu que conoces cada parte de mi, obra para bien, enséñame a contar del manera mis días que traigan a mi corazón sabiduría, quiero disfrutar cada día que me regalas, quiero admirar tu creación y verte en cada parte de ella, cierra mis ojos para contemplar con los ojos del alma tu grandeza y entender tu voluntad, se que me amas y nadie mas que tu anhela mi felicidad, quiero sobreponerme al dolor y al sufrimiento, quiero aprender a sentir gozo en medio de mis padecimientos, en Jesús. Amen.

XII

BUSCANDO LA PAZ INTERIOR

En tu mano encomiendo mi espíritu; tú me has redimido, oh Jehová, Dios de verdad. Me gozaré y alegraré en tu misericordia, porque has visto mi aflicción; has conocido mi alma en las angustias. (Salmo 31:5, 7)

No es sino hasta el momento en que sentimos la muerte muy cerca de nosotros, cuando sentimos esa necesidad de examinar nuestro corazón y tratamos de ver si existe algo dentro de él que no hemos confesado a Dios, o algo que no hemos perdonado a alguien, algo que hemos querido hacer, algo que hemos querido decir, y desde muy dentro del alma sacamos un grito que sólo Dios puede oír y le decimos: Señor por favor dame otra oportunidad, déjame demostrarte que puedo hacerlo mejor, se que te he fallado muchas veces, se que he desperdiciado en vano todo este tiempo pero quiero revindicarme Dios. Lo digo de esa forma porque esa fue mi experiencia mientras el temor del cáncer lo tenía latente dentro de mi, trataba de buscar respuestas a mis dudas producto de una vida espiritual no muy real, no muy sincera, claro está antes no lo supe, siempre he estado dentro de la iglesia, mis días, mi trabajo, mis salidas giraban en torno a ella, por eso es difícil darse cuenta cuando estas necesitado realmente de Dios. Frecuentemente solía leer los libros del doctor Enrique Chaij de la colección vida abundante y una de las frases que él expresa y la cual me agrada mucho es: "si vives en la rutina, todo se te vuelve deslucido y monótono". Eso exactamente me había pasado, todos los días eran exactamente igual antes de que Dios me permitiese este encuentro personal, genuino y especial con la santidad de su persona. Es maravilloso oír la voz de Dios hablándote, mostrándote tus fallas, vas descubriendo poco a poco cuan errado era el camino que llevabas en el sentido de que tu vida no giraba en torno a Dios sino entorno a ti misma. Al Jesús mostrarme ese cuadro tan patético mi corazón necesitaba hallar la paz interior y como lo expresa un lindo coro busque a Cristo en mi aflicción y Jesús estaba allí mirándome con tierno amor, cuan maravillosos es eso, cuan hermosos es saber que Jesús no te señala, no te recrimina, solo te mira con tierno amor, y extendiéndote su mano te da una nueva oportunidad, tal como lo pediste a grito y ¿qué hacer luego?

Lo primero es renovarse, esa dulce invitación está registrada en las sagradas escrituras expresada por el salmista David cuando después de la agonía de sentir el peso horrible del pecado pide a Jehová: "Crea en mí, oh Dios, un corazón limpio, y renueva un espíritu recto dentro de mí". (Salmo 51:10)

Para que ocurra dentro de nosotros una verdadera renovación es muy importante estar claro en lo que Dios quiere enseñarnos, Satanás tratará de mostrarnos a Dios de una manera errada, pues el es el acusador y pretende hacernos creer que Dios está enojado con nosotros y que esa enfermedad, conflicto o problema es un castigo. Recuerdan a Job sus amigos y hasta su esposa trataban de hacerle entender que lo que le estaba pasando era el castigo por algo que él había hecho. Dios no se complace cuando nosotros sufrimos, el se llena de tristeza, pero el pecado a traído a la humanidad dolor, enfermedades, guerra, hambre y toda clase de calamidad, al renovarnos en Jesús veremos claramente que lo malo que nos sucede tiene su origen en Satanás, el único culpable de nuestras lagrimas, sin embargo en Romanos se nos dice: " Y sabemos que a los que aman a Dios, todas las cosas les ayudan a bien, esto es, a los que conforme a su propósito son llamados" (Rom. 8:28)

Una vez que Dios logra la renovación de nuestro ser interior debemos mantener en nuestro pensamiento constantemente las palabras de San Pablo dirigidas a los corintios: "Aunque este nuestro hombre exterior se va desgastando, el interior no obstante se renueva de día en día" (Corintios 4:16), si amigo lector los años pasaran y dejaran sus huellas en nuestro cuerpo, aun la enfermedad cualquiera sea , no pasa por nosotros sin dejar su marca, pero la acción transformadora del ser interior le corresponde a Dios, él como buen alfarero nos toma en sus hábiles manos y nos hace de nuevo.

A esa fase de la renovación le vamos a agregar mantener viva la esperanza y ella se nutre y se alienta con el estudio de la palabra, "porque las cosas que se escribieron antes, para nuestra enseñanza se escribieron, a fin de que por la paciencia y la consolación de las escrituras tengamos esperanza" (Rom. 15:4) . Con ese ingrediente mantendremos un espíritu radiante mediante la fe en Dios y esta actitud será muy útil tanto para nuestro ser interior como para el ser exterior, ya que lo interno se refleja en lo externo, Jesús dentro de nosotros se dejará ver en todo lo que haremos, diremos y sentiremos.

UNA ORACIÓN: Señor Dios, se que puedes ver dentro de mi, examíname, corrígeme, he pasado mucho tiempo equivocada, quiero que renueves este mi espíritu envejecido, y que en mi corazón pueda renacer la fe y la esperanza para seguir viviendo, pero en ti, para ti y por ti, Amen.

XIII

DIOS PESA LAS PRUEBAS

Hermanos míos, tened por sumo gozo cuando os halléis en diversas pruebas, sabiendo que la prueba de vuestra fe produce paciencia. (Santiago 1:2,3)

Una de las tardes en que fui a quimioterapia estaba en la sala llorando pero no de tristeza sino más bien por el malestar de los vómitos y una de las pacientes al pasar por mi lado me dijo con mucha seguridad algo que yo sabía pero que quizás había olvidado: Dios nunca nos manda una prueba que nosotros no podamos superar. Era obvio que aquella señora me había dado una gran lección, en lugar de ser yo quien infundiera ánimo era ella la que lo hacía, me apene y le dije: gracias lo sé. La Biblia nos da fuerza cuando declara que la prueba produce paciencia y es que cuando estamos pasando por el valle lo que necesitamos únicamente es tener ese don del Espíritu Santo que es la paciencia para poder superar y estar en pie frente a la prueba. Me gusta mucho cuando en la Biblia se nos hace la pregunta ¿qué nos separará del amor de Cristo? ¿Tribulación, angustia, o persecución, o hambre, o desnudez, o peligro, o espada? (ROM. 8:35) Y ella misma nos responde en el libro de cantares el capitulo 8 cuando dice que fuerte es el amor y aun la muerte no podrá apagarlo, solo el perfecto amor de Dios no puede ser apagado, él es perfecto, eterno y nos ama desde siempre, por ello nunca permitirá una prueba que antes no halla pesado para asegurarse de que podremos con el peso de ella, pero es necesario tener las herramientas necesarias para salir victoriosos de ella, es triste que en la hora de la prueba muchos se rinden y eso ocurre porque luchan solos y San Juan en el capitulo 15 no dice que separados de Dios nada podremos hacer.

Cuando un soldado es llevado al campo de batalla antes pasa por un fuerte entrenamiento y es equipado con las herramientas necesarias para ir al campo de guerra, nosotros somos considerados como soldados del ejército de Dios y la espada es la palabra de Dios y la oración la fuente principal de entrenamiento diario. Jesús, escribe San Marcos en el capítulo 1 que levantándose muy de mañana, siendo aún muy oscuro, salió y se fue a un lugar desierto, y allí oraba, si Jesús que vivió sin pecado y era Dios necesita de la oración constantemente mucho más nosotros que en nuestra debilidad de pecado y flaqueza somos propensos a rendirnos necesitamos de la oración.

Cuando Jesús estaba cerca de ser crucificado oro a su padre diciendo: "Padre, si quieres, pasa de mí esta copa; pero no se haga mi voluntad, sino la tuya". (Lucas 22:42). Esa debe ser nuestra actitud y reacción frente a la prueba , caer de rodillas confiados en que el Señor pesa cada una de las pruebas, y decir hágase tu voluntad, seguro de que las palabras de Dios son fieles y verdaderas y él ha dicho en Juan 10: 28 que nos da vida eterna y no pereceremos jamás, y lo que es mas bello aun nadie nos arrebatará de su mano, que declaración tan valiosa, nos tiene tomados de su mano y con su brazo fuerte nos sostiene y nadie nos arrebatará de él, ni las pruebas, ni las dificultades, ni la angustia, ni tribulación, nada en lo absoluto podrá separarnos.

Las pruebas nos acercan a Dios ya que uno siente su cálida compañía, sin embargo en ocasiones nos encontramos con personas que rechazan a Dios y lo culpan de sus calamidades, se quejan y hablan cosas horribles de él, conocí a una abogada que tenía cáncer de mama igual que yo pero estaba tan enojada con Dios, con la vida, se estaba haciendo el tratamiento pero no quería que nadie le hablara, en una ocasión dijo que si creíamos que nos curaríamos de ese cáncer éramos unas ignorantes porque jamás ocurriría el milagro, que pena me daba, pobre, desafortunada por no abrigar en su corazón la esperanza del milagro de la sanidad. Si creemos en Dios y su palabra palparemos la realidad de una vida de fe, el paralítico camino, el ciego Bartimeo pudo ver, la hija de Jairo resucitó y hoy día Dios continua haciendo esos milagros, solo que muchas veces la gente lo atribuye a la suerte o a la ciencia medica pero la verdad es que ningún milagro ocurre sino esta la mano poderosa de Dios.

Querido lector: estas pasando por el valle de sombra y de muerte, estas siendo probado, aferrate cada día más a Dios que es tu amigo fiel, arrodíllate a sus pies, pídele perdón y entrégale tu ser.

Una prueba de fe

Anoche tuve un sueño

Soñé que caminaba por un sendero oscuro

Casi no podía ver nada.

Mi corazón se sentía latir fuerte
Parecía que de mi pecho se quería salir
Desesperada en mi sueño busque a Dios
Quería repetir el padre nuestro
Pero un fuerte nudo en la garganta me lo impedía
Llena de angustia al no poder hablar
Trate de vislumbrar a Dios en mi mente
No lo hallaba, el miedo me invadía aun más
La oscuridad se hacia mas intensa
Sentía temor ante lo desconocido
Pero la dulce voz de Dios pude escuchar:
Hija mía no temas que sola no estas
Cierra tus ojos y abre tu mente
Allí me podrás encontrar:
En cada texto memorizado de tu Biblia
En cada himno entonado de corazón
En cada oración sincera
Aun en los pétalos de una flor.
¿Puedes verme?
Al oír esto se alegro mi corazón
Los latidos ya eran normales

La oscuridad se despejó
Era una prueba de fe
Lo que anoche yo soñé
Y hoy entiendo claramente
Que por Cristo la pase
Pude ver su luz brillante tratando de guiarme
Y ahora más que antes a Cristo quiero aferrarme
Para que en la hora de la prueba
Su amor pueda librarme.

UNA ORACIÓN: Amado Dios, Padre celestial, no se que pruebas he de enfrentar, pero tu que puedes ver desde el principio el final guía mi andar, que cada paso que yo de sea buscando tu voluntad, que aprenda a conocerte, que pueda tener tiempo para leer la sagradas escrituras y que busque tu rostro en oración, amen.

XIV

DESPEDIDA ENTRE AMIGAS

Lo hermoso de la verdadera amistad es que aun estando lejos el uno del otro, permanecemos unidos en sentimiento y los lazos de esa amistad se fortalecen.

Ya después de un mes en ACELIN mi círculo de amigos había crecido. ¿Saben? Realmente tengo que dar gracias a Dios por haberme permitido pasar por esta experiencia. Quiero contarles brevemente lo que pude aprender de cada una de estas nuevas amistades:

- **Ligia** era una señora de Acarigua estado Portuguesa fue la primera de las pacientes que conocí, cuando era mi primer día ella ya tenía una semana y conversamos sobre como era eso de la radioterapia, luego me contó su experiencia, mostraba gran entusiasmo por sanar, tiene una hija maravillosa que la acompañaba todos los días, buscaron una residencia en la ciudad ya que viajar todos los días era fuerte para ellas, la señora Ligia termino las radio antes que yo terminará y al despedirnos nos dimos mucho animo y consejos para la nueva etapa que estaríamos viviendo.

- Una señora de nacionalidad portuguesa **Marilia** también formó parte de mi grupo, juntas todos los días ya que éramos las primeras tratábamos de conversar con aquellas personas que iniciaban su tratamiento y nos reíamos, aprendíamos de las experiencias de cada uno. De ella admiré su gentileza, bondad y su buen estado de animo, siempre sonriendo, y con algunos comentarios graciosos me hacia reír.
- **Eglis**, una señora muy conservada, de aproximadamente 39 o 40 años, coqueta, juvenil, siempre llegaba con mucho entusiasmo, nos hacia reír con sus locuras, nos hicimos buenas amigas y compartíamos experiencias espirituales de cómo estábamos creciendo, ella ya era abuela y mostraba una actitud frente a la vida muy positiva.
- **Flor**, le decíamos la flor del encanto, su experiencia fue tremenda lección de lucha. Cuando el médico le lee los resultados de la biopsia y le dice que son positivos ella saltó de alegría y decía gracias a Dios, el doctor la miró extrañado y le dice: flor creo que tu no has entendido, te quise decir que lo que tienes es cáncer; ella entonces, quedo paralizada sin palabras, y después de un rato al reaccionar le dijo bueno doctor esto cambia mi vida yo me voy ha donde esta mi familiares en ciudad Bolívar y allí me operaré. Para resumirle la historia, flor había sufrido mucho en la vida, su esposo abusaba del alcohol y ella no era feliz, sin decirle nada hizo su maleta y partió, ya de regreso les contó lo que tenía a todos y sus hijos mayores quienes la habían juzgado mal por dejar a su padre se sintieron avergonzados con ella por

haberla dejado sola. Es una mujer decidida, generosa, alegre y ocurrente, con muchas ganas de vivir, siempre nos escribimos y es muy fiel.

- **Gaulib** con ella he perdido el contacto, cuando nos despedimos fue lindo, estuve llamándola un tiempo pero hace tiempo que no conversamos, es una mujer joven de 38 años, muy jovial, con dos hijos, y llena de planes, para ella el cáncer de mama fue una verdadera sorpresa, aunque su pronostico era bastante alentador, tubo que pasar también después de las radioterapias por quimio, cosa que la alejo de nosotras un poco ya que no se lo esperaba, pero como dice el doctor, la quimio es necesaria porque evita que el cáncer se extienda a otras partes del cuerpo.
- **La chicha,** una señora de unos 65 o 68 años, maestra jubilada, con un hijo que la quiere y la consiente mucho, paso en su edad madura por un divorcio y es un ejemplo de entereza, serenidad y simpatía. Meses después de haber terminado quimio y radio tuvo que recibir otros ciclos de quimioterapia ya que le descubren una metástasis en el pulmón pero ella supero esa segunda prueba y casi en un mismo partido metió dos goles.
- **Liliana** era la mami de todas la queríamos mucho, nos aconsejaba, era la tercera vez que tenía cáncer y sólo recibía radioterapia porque su organismo es inmune a las quimio. Alegre, entusiasta, maestra jubilada, bondadosa y después que terminamos quedo al frente del grupo para apoyar a otros que siempre necesitan de alguien que les oriente, y que mejor que alguien que ha pasado por la misma experiencia.

Podría seguir con mi lista de amigas, Nelly, Nancy, Janeth, jorgena y otras más, cada una especial, y aunque no compartíamos la misma religión estábamos unidas en la fe fundamentada en la roca eterna Jesús. Ahora mas que antes estoy convencida de que Dios tiene sus ovejas esparcidas y que pronto las reunirá en su redil.

He aprendido a disfrutar de cada instante de vida que Dios me regala, cada gota lluvia, cada rayo sol, cada brisa que suavemente rosa nuestro rostro es un motivo para agradecer a Dios por la oportunidad de tener vida para experimentarlos. Ninguna persona pese a su condición es privada del amor de Dios que se manifiesta de miles de formas, basta abrir el ojo y oído de nuestro corazón para ver y oír a ese Dios de misericordia y bondades eternas hablándonos y mostrándonos lo bello de la vida que ha creado para nuestra felicidad. Recuerdo que una vez escuche un mensaje de dos hombres que yacían enfermos en la sala de un hospital, en ese cuarto sólo había un pequeña ventana y en ella estaba uno de los pacientes que tenia una enfermedad en etapa Terminal, en el otro lado de la habitación estaba el otro paciente que aunque se quejaba constantemente su pronostico era más alentador que el de su compañero. Todos los días le preguntaba al compañero que su cama estaba junto a la ventana que le narrase lo que veía y este con gran alegría hacía una maravillosa descripción del panorama: hay un hermoso parque con árboles frondosos que veo moverse suavemente con la brisa, también hay niños que juegan felices en el parque, una laguna con patos esta dentro del parque y a su alrededor muchas personas que alimentan a los peces y patos. Aquel hombre narraba con tanto ánimo lo que veía que lograba calmar el dolor de su compañero, al caer la noche este le decía que mañana le volviese a contar lo que veía, todos los días contaba cosas interesantes pero una mañana cuando el paciente de la cama distante de la ventana despertó noto que su compañero de la ventana no estaba, preguntó a la enfermera y esta le dijo que había muerto, aunque triste por la perdida de su amigo pidió a la enfermera que le diera el lado de la habitación donde estaba la ventana pues quería ver con gran anhelo por sus propios ojos aquel panorama que su compañero durante mucho tiempo le había contado, cual es su sorpresa y decepción que al levantarse para ver por la ventana solo una larga y gris pared era todo lo que podía ver , desilusionado le dijo a la enfermera que cuando había construido aquella pared y ella le respondió que siempre había estado allí, pero replicó que su compañero le contaba cosas preciosas que lograba ver por esa ventana y la enfermera le dijo que el paciente que estaba allí era ciego. Esta historia es un reflejo de lo que podemos ver en la vida frente a las dificultades: podemos ver un gran muro gris o un hermoso paisaje lleno de flores, árboles y gente llena de alegría. Tú decides, lo bello de la vida esta muy cerca de ti, son tu familia, tus amigos, tus compañeros, los niños, la naturaleza, siempre están allí solo tienes que detenerte para verlos y te darán felicidad.

UNA ORACION: Mi dulce Jesús, mi amado Señor que mis palabras, mis pensamientos sean de ti, que te adore, te alabe, te glorifique porque tu haces de cada problema o dificultad una oportunidad para triunfar y enséñame a querer y valorar a mis semejantes, que siempre están a mi lado pero que a veces no los veo, gracias por hablarme a través de ellos y mostrarme que las cosas pueden ser mas provechosas y divertidas de lo que yo creo.

XV

PALABRAS FINALES

Aunque al mirar el cielo, su azul se torne gris, no te desaliente el sol brillará otra vez.

Querido lector es mi deseo que siempre puedas recordar que Dios siempre esta detrás de la nube gris, él es el sol de justicia, él es la única persona que le da sentido a tu vida, su amor es eterno y su palabra es fiel y verdadera, pero es necesario que dejes obrar al Espíritu santo en tu corazón, para que no haya en el lugar para el "YO", para el egoísmo. En la vida podemos tener muchos planes pero ¿está Dios en ellos? , te has preguntado ¿Para quién vives? Dice el necio en su corazón tengo mucho, derribare mis graneros y los haré más grande y si por la noche vienen a tomar su vida, ¿de que le habrá servido? No permitamos que el enemigo desvié nuestra mirada hacia las cosas perecederas, no rechacemos la voz de Dios, porque lo que para nosotros puede parearnos excelente para Dios no es lo mejor.

Permítete caminar cada día con el Señor, haz un pacto de fidelidad a su eterna compañía, él sabe guardar silencio para escuchar los gritos de tu angustiado corazón, él sabe que palabras te darán ánimo, esperanza y consuelo, solo tienes que entregar tus sueños, y decirle: Señor haz tu voluntad en ellos, mi corazón te lo entrego enamórame de ti Señor, que tu presencia me inunde haz de mi un hombre nuevo, cámbiame, renuévame, enamórame de ti Señor.

Hoy han pasado un año y un mes de la operación del cáncer de mama y para el mes de septiembre habré cumplido un año de terminar quimioterapia y radioterapia, glorifico a Dios, solo él merece la honrar por siempre, solo él es digno de adoración, porque en él está el poder para la vida. Cuando despedimos el año 2005 escribí este mensaje de agradecimiento al Señor:

Hoy termina el 2005

Al mirar atrás los 365 días que viví, no puedo más que decir ¡Dios eres grande!, ¡Dios eres maravillosos!, ¡Dios eres poderoso! ¡Dios en verdad eres mi padre!
¿Sabes Señor? Sentí cada una de tus caricias y hasta tu respiración cuando en el silencio del lecho de mi cama y en el dolor profundo que me embargaba tu suave mano me rozaba y con la yema de tus dedos mis lágrimas secabas.

Fueron días largos y pesados pero tu cada carga aliviabas cuando a mi alma tú le dabas, aliento, fuerza y esperanza juntos cada día nos fuimos haciendo más amigos.
Gracias Dios porque no estuve sola ningún día, aún los sábados que no podía venir a adorarte en tu santo templo, tú hacías de mi hogar sitio ideal para adorarte y junto a mis hermanos de la iglesia, cantaba, oraba y me llenaban con sus dulces palabras.
Gracias Dios por fiel cumplimiento de tus promesas: yo deseo que tengas salud, yo soy tú sanador, gracias por ser mi escudo, mi luz, mi fortaleza y mi salvación.
Gracias Dios Por tu poder renovador, porque fuiste tu quien hizo que cada célula de mi cuerpo se rejuveneciera y devolviste a mi vida la salud, el vigor y el brillo, junto al fuerte deseo de seguir caminando a tu lado anhelando vivir por la eternidad contigo amado Jesús.

Tengo miles de motivos para agradecer a Dios, primeramente el haberme permitido la experiencia del cáncer me hizo más humana, más sensible, quizás antes estaba muy centrada en mi misma, me enseño que la vida es algo que hoy tenemos pero que no se nos asegura que mañana la tendremos, habían cosas elementales que aun no estaban satisfechas, entre ellas mis pequeñas hijas por las cuales me aferre más a la oportunidad que Dios me brindaba de sanarme, a mis tiernas hijas Carol y Claudia escribí:

Mis Pequeñas

Cuando veo sus tiernas sonrisas
Cuando veo el brillo de sus ojitos
Cuando escucho sus inocentes preguntitas
Cuando sus pequeños pie se tropiezan y caen pero pronto se levantan
Cuando sus frágiles bracitos me rodean en el más cálido de los abrazos
Cuando sus pequeños labios besan mis mejillas dejándolas
Humedecidas de amor sincero.
Cuando sus ojitos redonditos se llenan de gruesa lagrimas
Porque tienen miedo
Cuando sus dulces vocecitas cantan a Jesús con gozo y alegría...
Pienso... ¿Qué más puedo pedir Señor?
¿A caso existe algo más grande, más hermosos,
Más singular, más parecido a ti Jesús, que mis inocentes pequeñitas?

Oh Señor: ¡Gracias, muchas gracias por mis dos pequeñitas!
Solo te pido los días suficientes de vida para mostrarles lo bello,
Lo mejor, lo puro que es tu amor
Y que sus pequeños piecesitos puedan caminar seguros
Junto a ti, hasta llegar al cielo.

Mi apreciado lector, solo tenemos una vida, escojamos vivirla para Cristo, y el nos dará la bienvenida a la verdadera vida, la vida eterna, porque este cielo pasará, este mundo pasará, el dolor pasará, las lagrimas pasaran, no habrá memoria del sufrimiento, dolor o pesar que pudimos sentir en esta vida, la felicidad eterna al lado de Jesús debe ser nuestro mayor anhelo, vivamos por él, para él y en él, sabiendo que

¡SIEMPRE HAY UNA OPORTUNIDAD!

SEMBLANZAS DE LA AUTORA

Ana Lucía Rangel de Borthomier, Nací en un hogar cuya madre abrazaba la fe de la iglesia Adventista del séptimo día y desde niña he abrigado esta fe en mi corazón. A los 11 años fui bautizada, y cada día de mi vida lo he dedicado a servir a mi Dios. En el año 1992 asistí al congreso de jóvenes: JESÚS TE AMA, y fue allí cuando él Señor me hablo y me llamó a servirle dentro de la educación cristiana de la iglesia adventista del séptimo día. Tengo 35 años, 2 hijas (Carol y Claudia) frutos de mi matrimonio con Rafael Borthomier hace ya 13 años. Junto a mi compañero hemos trabajado en Barinas, Barquisimeto y San Felipe como maestra, directora y orientadora.

Hoy por hoy me desempeño como maestra de aula de segundo grado en el Instituto Metropolitano Adventista de Barquisimeto Estado Lara.

Es mi más ferviente anhelo compartir con todos lo bueno y maravilloso que ha sido Dios conmigo. A lo largo de mis últimos años vividos he aprendido a confiar plenamente en el poder de la palabra de Dios, el enemigo Satanás muy a menudo tratará de afectar de tal modo nuestras vidas que intentará separarnos de Dios, sin embargo tras mi experiencia con el cáncer de mama puedo decirte que nada ni nadie nos separará del amor de CRISTO.

Con la ayuda de Dios escribí "**SIEMPRE HAY UNA OPORTUNIDAD**", enfrentar el cáncer o cualquier otra enfermedad grave no es nada fácil, pero de la mano de Dios todo será más soportable, él hará que seas rodeado de personas sinceras que estarán dispuestas a ayudarte, confía en Dios y por su poder sanador alcanzarás al igual que yo la victoria.

Creo que desde que el pecado entro en este mundo todo somos perseguidos por la sombra de la muerte, pero en Jesús todos tenemos la luz que da vida en abundancia.

"**Reflexiones para hoy**", es mi segundo libro, donde presentamos herramientas de poder para vestirse día a día con el mejor de los trajes. (Pronto a su disposición).

Estoy a su entera disposición y servicio para presentar seminarios y talleres con temas enriquecedores basados en la palabra de Dios, por favor escriba a mi correo electrónico y comparte su testimonio o ayuda recibida con la lectura de este libro.

- analuci_3@yahoo.com.ar
- ana_luci_72@hotmail.com

Printed by Books on Demand GmbH, Norderstedt / Germany